SHODENSHA
SHINSHO

名でわかる
言大国・日本

佑介

祥伝社新書

はじめに　なぜ、水害は頻発するのか

日本における自然災害と呼ばれる事象の中で、水害は頻度が圧倒的に高い。平成初年から二五年までの四半世紀の間、『理科年表』の「気象」部「日本のおもな気象災害」から水害関連の事例を拾うと、計一三〇〇件を超し、その死者・行方不明者数は計一七〇〇名近くにのぼる。

なぜ、日本では水害による被害が、これほど多いのか。まず、その第一の理由として、日本列島の「自然の宿命」を挙《あ》げなくてはならない。

日本列島は、アジア・モンスーン地帯の東端に位置する。夏の前後に二度の雨季があり、春から秋にかけて「台風」という名の熱帯低気圧がたびたび襲来、大量の雨を降らせる。日本海側では冬季、シベリア寒気団から吹き出す寒風が日本海から湿気を吸い上げ、脊梁《せきりよう》山地に大量の雪をもたらす。その雪は春、雪解け水となって平野部を襲い、氾濫《はんらん》を繰り返す。

日本海沿岸の豊富な雪解け水のおかげで、新潟平野ほかの平野部は有数の米作地帯となった。だが、そのため数年おき、いや毎年のように水害に悩まされるという宿命も背負わされた。

米は麦と比べてもカロリーが高く、まさにアジア・モンスーン地帯にうってつけの作物だった。二千数百年前、モンスーン地帯東端の島国に稲モミを携《たずさ》えてやってきたわれわれの祖先は、営々として米作りにいそしんできた。稲作は最初、どうやら今日でいう中山間地域で始まったらしいが、やがて人々は広大な沖積平野に進出した。

河川下流の沖積平野は、毎年のように洪水に襲われる地である。その災厄の恐れがあるにもかかわらず平野を耕し続けたのは、エジプトのナイル川下流で行なわれてきた小麦作と同じ事情であった。洪水によって土壌の栄養分が補給され、年々、新たな収穫が約束されるのだ。

近年、気候温暖化を指摘する声が、かまびすしい。確かに一八世紀の産業革命以来、地球の大気中のＣＯ$_2$濃度は増加しつづけたはずだし、その結果として気候が極端になっていることも認める。

だが、洪水などの気象災害は、それ以前からあった。温暖化の結果とは、おそらく数十年に一度の水害が数年に一度とか、毎年のように起きるようになった、ということであろう。

頻度はともかく、過去に地表を襲った災害の痕跡《こんせき》は、地形に刻まれて残るし、その痕跡は地名として記録されている。とくに水害は日本列島では日常茶飯的な災害であったから、至る所に地名として残されている。

近年よく、「サンズイのつく漢字の地名は危ない！」などという言辞が聞こえてくる。一〇〇％間違いとは言わないが、かなり〝一知半解〟な説である。

まず、日本の地名の多くは、漢字表記されるとき、正訓文字ではなく借訓・借音によって表記されている。要するに、地名の漢字は〝当て字〟がほとんどだから、その漢字から危険であるとかないとか判断することはできないのである。

日本の中規模以上の都市の多くは、中・近世の城下町に起源をもつ。そうした地方中枢都市・拠点都市は、明治以降もそのまま地方の行政の中心であり、商業都市としての機能を保ってきた。そして近代における工業化も、そうした大・中の都市とその周辺で進められてきた。

だが防災という面から見れば、近世城下町は脆《もろ》い点も少なからず抱えている。〝米本位主義〟からすれば、平野の中の平城《ひらじろ》・平山城《ひらやまじろ》という構図は、有効かつ有用だっただろう。

大半の大・中規模の城下町は、江戸時代、数年に一度、十数年に一度、よほど立地条件に恵まれた町でも数十年に一度は、水害に見舞われている。よく、〝火事と喧嘩は江戸の華《はな》〟などと言われるが、実はその江戸にとっても、水害も年中行事みたいなものだった。

日本の近代都市が、封建時代の〝くびき〟から脱しきれていないことは、本書の各項で検証する。いや、長崎市・神戸市などの近代港湾都市も、幕末開港時の内外事情による制約から逃れえないまま過度に巨大化し、ために過大な災害に悩まされる結果に陥《おちい》っているのではないか。

人間の人間たるゆえんは、「地に足をつけて生きる動物」ということに尽きる。都市や農村といった社会集団の場合も同じで、その土地のもつ条件から究極、逃れられない。その土地、その場所で何が可能か、何をなすべきか、が常に問われ続けなければならない。

日本列島は、四十数年前から〝米余り〟時代に入っている。そうなったことの是非は、ここでは論じない。しかし、社会インフラは、いまだ〝米本位制〟時代のままではないか。

地震の予知は、神ならぬ人間にはまず不可能だろう。だが、水害は予見できるし、その規模をやや大きめに見積もっておけば、たいがいの事態には対応できる。問題は、政治・行政、いや社会全体が、いまだ〝米本位制〟時代の認識から切り替わっていないことである。今、発想の転換が必要ではないか。

半世紀以上前の私の学生時代、心ある識者は都市近郊のスプロール化（無秩序拡大）現象を指摘していた。

日本近代の最大の政策ミスは、土地ごとにその条件に合った適正・妥当な利用計画が樹《た》てられなかったことである。前時代の土地利用が再検証されることなく、新たな価値が次々と付加されていった。これでは、前時代に有利とされた条件が、逆にマイナスとなって返ってくる。

今こそ、新しい時代に即応した土地利用、インフラ整備を考えようではないか。地名は、日本列島二千数百年の過去、その土地利用の経緯を探る手掛かりに十分なりうる。

本書が、水害という名の災厄を少しでも、小さくすることに役立つことを信じたい。

二〇一六年四月

楠原佑介《くすはらゆうすけ》

Ⅱ　地下街・地下室〝水責め〟の恐怖
――平成一一年、博多駅・新宿区西落合、そして東京直下型地震

Ⅲ　『岸辺のアルバム』の悪夢
――昭和四九年九月、多摩川堤防決壊水害

V 災害のデパート・名古屋の宿命
——海と台地と扇状地、輪中の狭間で

Ⅵ　〝坂の町〟長崎がなぜ危ないか？
——昭和五七年、長崎大水害

Ⅶ「緑の丘」願望の破綻
――平成二六年、広島安佐南区の土砂災害

Ⅸ　シラス台地で繰り返される悲劇
——平成五年、鹿児島市大水害

目　次

Ⅰ 古代以来の沼地を都市化した愚《ぐ》

——平成二七年、鬼怒川《きぬがわ》水害を検証する

関東・東北豪雨災害は異常気象か？

平成二七年九月、日本海と太平洋上に二つの台風が進み、関東・東北地方に「線状降水帯」が停滞、関東平野や大崎平野（仙台平野北部）の限られた地域を集中豪雨が襲った。栃木県北部の鬼怒川《きぬがわ》源流域では九月九日夜から翌一〇日にかけて、二四時間で六〇〇㎜を超える集中豪雨が降り続けた。

鬼怒川（一級河川・利根川の一次支流）の源流・上流部では流水量が急上昇し、河岸を激しく浸食した。鬼怒川が山地から関東平野に出る谷口の日光市鬼怒川温泉では、各所で河畔《かはん》が抉《えぐ》られて流出、河畔の温泉ホテルの露天風呂施設が倒壊するなどの大きな被害が出た。

この豪雨禍《か》でも、鬼怒川下流の茨城県常総《じょうそう》市では雨量はせいぜい四〇㎜にすぎなかったが、上流で降った雨のせいで鬼怒川の水量は刻々と増大した。そして左岸の旧・石下《いしげ》町若宮戸《わかみやど》地区の自然堤防で越水《えつすい》（この原因については後述）、さらに五㎞下流の三坂地区で堤防が決壊、同市の鬼怒川左岸一帯が長期間にわたって水没し、大きな被害が出た。

この豪雨災害について、マスコミでは「気候温暖化による異常気象」との指摘が盛んだった。たしかに近年、世界各地で極端な気象現象が発生しており、温暖化との関連は無視できない。

だが今回の集中豪雨は、〝異常気象〟の一言で片づけてよいものとは思われない。なぜなら今回の被災地は過去何度も洪水に襲われた一帯で、同様の災害は史上何度も繰り返された自然の営《いとな》みの一齣《ひとこま》にほかならないからである。その災害の痕跡《こんせき》を、地名から探っておこう。

古記録が記す沼沢《しょうたく》群・香取《かとり》ノ海と騰波《とば》ノ江

鬼怒川は古く毛野《けぬ》川（『常陸国風土記』）と呼ばれたが、「毛野国（後の上野《こうずけ》・下野《しもつけ》両国、現・群馬県と栃木県）を流れる川」のこと。平安期には「衣《きぬ》川」、中世には「絹《きぬ》川」とも書かれた。

和語のケ（毛）とキ（木・牙）は「先端が尖り日夜、成長する」点で共通し、本来は同語・同語源である。

この川の名が「鬼が怒る」という漢字表記になったのは、戦国期〜近世初頭ごろからだった、ように思われる。

古国名の「毛野」とは、関東北部の那須・日光・赤城・榛名・浅間などの火山群の麓《ふもと》の火山性扇状地・火山灰台地を、「△型の火山（ケ）がつくった野」と総称した古地名である。

古代の鬼怒川は、関東北縁の帝釈《たいしやく》山脈・日光火山群に源《みなもと》を発し、下野国（栃木県）中央部を南流し、常陸・下総両国境を流れ香取《かとり》ノ海に注《そそ》いでいた。香取ノ海とは現在の利根川下流域一帯に広がっていた広大な内水面だったが、茨城県霞《かすみ》ヶ浦《うら》・北《きた》浦・牛久《うしく》沼、千葉県印旛《いんば》沼・手賀《てが》沼などはその名残である。

この鬼怒川の東側に寄り添うように、三〜五㎞離れて小貝《こかい》川が流れる。小貝川の源流は栃木県那須烏山市の西部で、那須火山の溶岩流台地の湧水を集めて、筑波台地の西縁を南流し北相馬郡利根町で利根川に注ぐ。

『新編常陸国誌』（明治三一〜三四年）は、「上古ハ毛野川ニ流アリシモ同名ニテ混合スレバ、東ノ一流ヲバ蚕養《こかい》川ト称セシト見エタリ」と記す。平素は二つに分かれて流

上代の東国

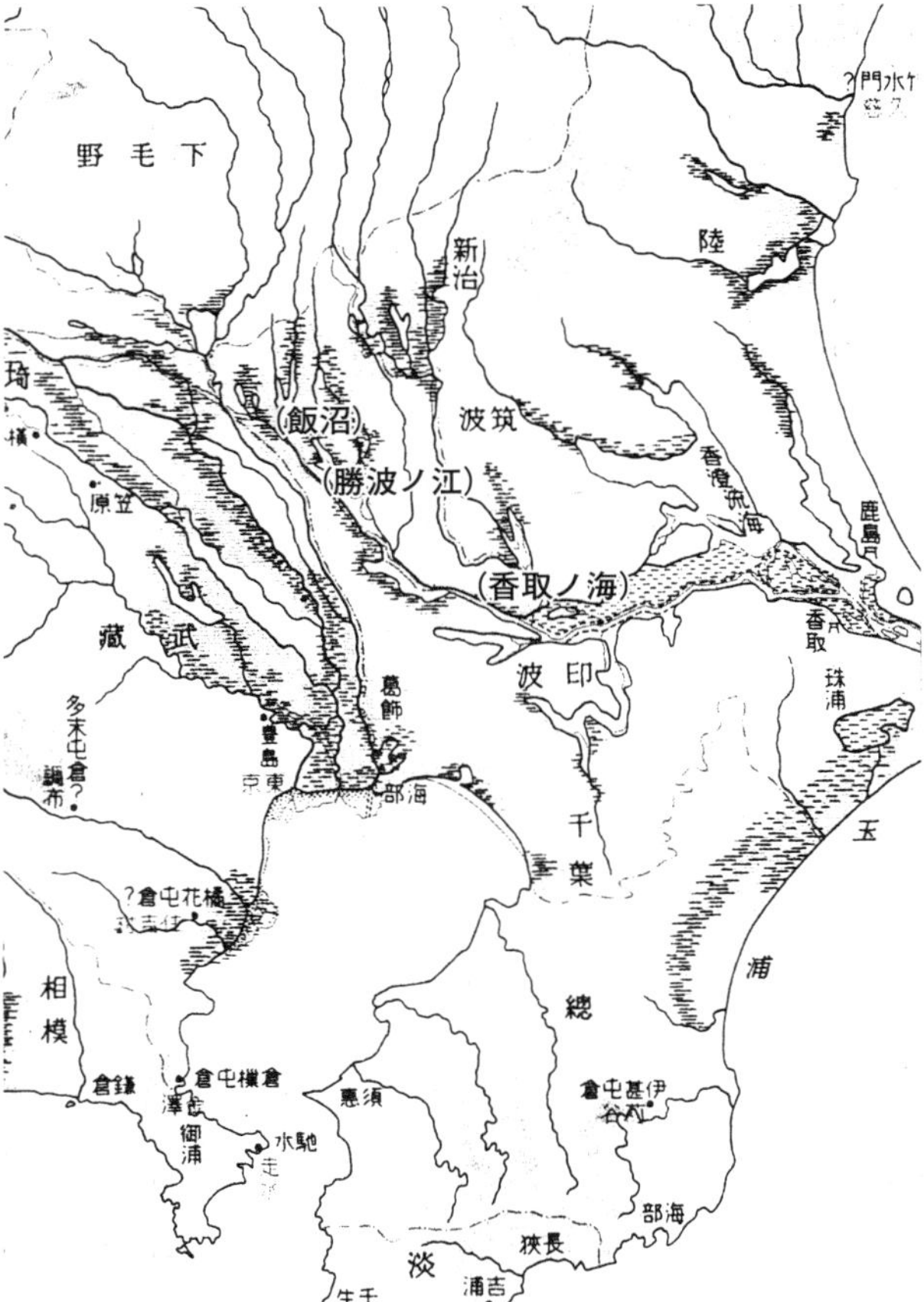

(　) 地名は著者補入

吉田東伍『大日本読史地図』(冨山房、昭和 10 年) よりれていても、雨季には渾然一体となった沼沢地《しょうたく》であったらしい。

その一大沼沢地が、古代の『常陸国風土記』では「騰波ノ江《とばのえ》」、平安期の『将門記《しょうもんき》』では「広河の江《ひろかわのえ》」、中世には「飯沼《いいぬま》」とも呼ばれ、香取ノ海の最奥部を構成していた。

範囲を微妙に変えながら時代ごとに名を変えるのは、降水地域とその量により滞水地域が微妙に異なり、また度重《たび》なる洪水により地形も徐々に変化したからであろう。

この鬼怒川・小貝川一帯が一面の沼沢地であったことは、常総市の西隣の坂東市《ばんどう》の菅生沼《すがお》、北隣の下妻市《しもつま》の砂沼などにその姿を留《とど》めている。

関東北部の山地に大雨が降ると、下流の低湿地はしばしば冠水し、今回同様に一面の沼地と化した。そして水が引くと、古代以来、台地縁辺《えんぺん》から徐々に水田化されていった。

茨城県南部は関東造盆地運動の中心地

私は今から四八年前、埼玉県中央部の大宮《おおみや》台地上の公団住宅に住み始めたが、すぐに気づかされたことは震度二～三クラスの中小規模の地震がやたら多いことであった。TVの画面にはすぐ、「震源は茨城県南部」と出ていたが、隣接する千葉県北部、埼玉県東部、栃木県南部、群馬県南東部のものも含めれば、多いときには月に数度も揺れた。

本当に震源は茨城県南部なのか、という疑問は、当時から私が自然地理・地質学の教科書として愛読していた貝塚爽平『東京の自然史』（紀伊國屋書店、一九六四年）で氷解した（同書は二〇一一年、講談社学術文庫版も刊行された）。

同書によれば、関東平野は周辺部が隆起する一方、中央部が徐々に沈下するという関東造盆地運動という名の地殻変動が今から数百万年前の第三紀末から続いているという。

『地形学辞典』（二宮書店）によれば、第四紀更新世（一八〇万年前～一万年前）を通じ沈降速度は一〇〇〇年につき約一ｍとされる。

たしかに関東平野の南縁を形づくる千葉県房総半島や神奈川県三浦半島は、大正一二年（一九二三）九月一日の関東大震災はじめ、沖合の海底を震源とする地震のたびに隆起し続けている。

その北、茨城県側でも鹿嶋《かしま》市の鹿島神宮あたりの標高は三五mで、これは東京・港区の愛宕山《あたごやま》（標高二六m）よりはるかに高い。つまり、茨城県の海岸部も地震のたびに隆起しているとみてよい。

一方、沈降帯は初め関東平野の西縁線に沿っていたが、第三紀鮮新世（五〇〇万年前〜二〇〇万年前）には房総半島中部に移り、さらに第四紀更新世後期には東京湾北部と茨城県古河《こが》市付近に移動したという。

この造盆地運動は、現在では前述したように茨城県南部・千葉県北西部を中心にした五県境付近と埼玉県川越《かわごえ》市付近で顕著である（次ページ地図参照）。

古代の下総《しもうさ》国豊田《とよた》郡飯《いい》猪（豬《ぬま》）郷はどこか

平安前期に編纂された『和名抄』国郡郷部には、下総《しもうさ》国豊田《とよた》郡飯《いい》猪（「豬《ぬま》」の誤記）郷の名が載っている。現在、飯沼川が結城《ゆうき》郡八千代《やちよ》町から常総市・坂東市境を流れて菅生沼に注ぐが、その流域に広がる低地がかつての沼の跡《あと》であろう。

関東造盆地運動

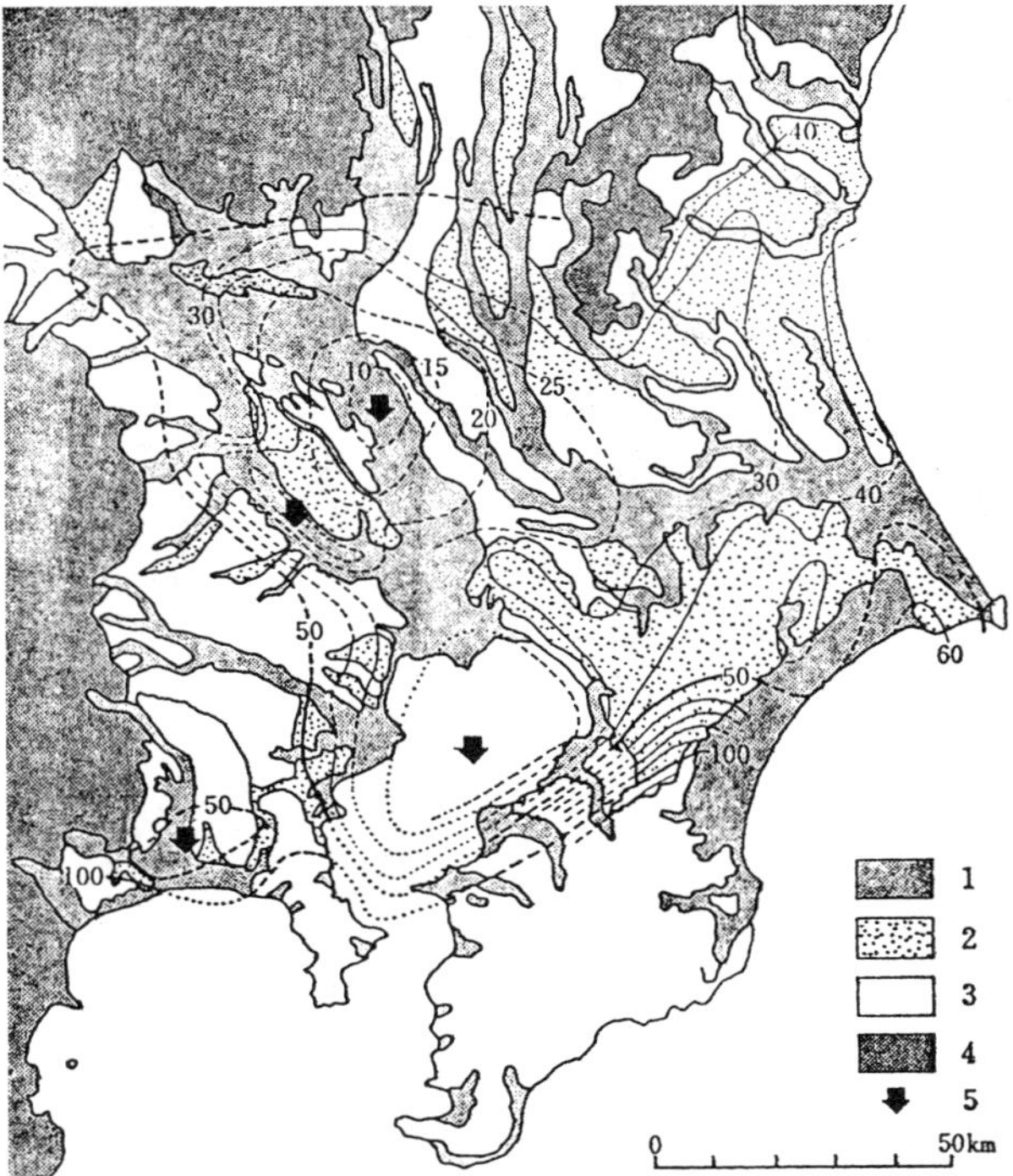

下末吉面の高度分布（貝塚、1974）
1 沖積面（A面）　2 下末吉面（S面、等高線は10m間隔）
3 段丘（Tc面・M面）と丘陵（T面）
4 山地　5 相対的な沈降地域

貝塚爽平『東京の自然史』（講談社学術文庫版より）

つまり古代の飯沼郷は、飯沼川の東、鬼怒川の西の台地一帯を占めていたものと思われる。鬼怒川も奈良時代から江戸期にかけてたびたび河道《かどう》が変遷しており、常総市石下《いしげ》から同水海道《みつかいどう》にかけて鬼怒川左岸に延びる自然堤防一帯も古代の飯沼郷に含まれていたはず。

なお、飯沼のイヒとは、長野県飯田市ほか多くの地名例から見てウヘ（上）の同行通音形。つまりイヒヌマとは「上方にある沼」の意で、前述したように「香取ノ海の最奥部を占める沼」のことである。

カイト地名の実態は？　水街道とは？

常総市の中心地区「水海道」の地名について、柳田國男《やなぎたくにお》は戦後の昭和二六年に発表した「水海道古称」で、水海道とは「御津カイト」の意で「地域権力専用の港湾だった一画」と述べた。

平安中期、この地を本拠地とした平将門《たいらのまさかど》らの地方豪族・地方権力の存在を念頭に置いた説だったろうが、これは他の多くの柳田の初期地名考説と同じく、乏しい地名資料を基《もと》にした、かなり見当違いの説だった。

カイト地名については、のちに柳田の弟子筋の東京教育大・直江広治《なおえひろじ》教授によって包括的な研究がなされる。この直江説に加え、私淑する横浜国大（のち駒澤大大学院）・松尾俊郎《まつおとしろう》教授の見解を総合して、カイトは単に「部落・区画」といった程度の意味だったと思う。

カイト地名については、関西とくに奈良県下では、一種の「差別地名」ではないかとする見解が根強い。カイトは前述したように「集落内の一画」を指す用語だから、その一画がたまたま被差別地区だったということもありうる。

だが、吉川弘文館『国史大辞典』によれば、「近世の大坂市街地で非人頭が支配する地区を町奉行支配地と区別して『垣外』と称した」と記す。これは、「垣外」の「外」の用字のほうに特別の意味を込めた表記で、これをもってカイト地名すべてを「差別用語」とみなすのは相当な〝論理的飛躍〟がある、と思う。

同じような例は「部落」という用語で、この語は中村正直訳『西国立志編』（明治四年刊）に出てくるが、おそらく英語の colony の訳語として『漢書《かんじょ》』鮑宣《ほうせん》伝から引かれた語だから、本来、差別的な意味合いはまったくない。

きわめて漠然とした没論理的な用語で、本来は使われるべきではなかった。だが、大正一一年（一九二二）に設立された全国水平社の理念を引き継ぐ形で昭和二一年（一九四六）に部落解放全国委員会が結成され、翌年から部落解放同盟となった。

話を戻すと、ミツカイトとは「水に囲まれた新開地」という地名だが、今回の豪雨災害はまさに、それを目に見える形で実証している。

鬼怒川・小貝川分離と利根川の瀬替《せが》えの結果

江戸前期の寛永六年（一六二九）、それまで渾然一体として湿地帯に流れ込んでいた鬼怒川と小貝川が分離され、ほぼ現在の流路に固定された。往古《おうこ》の騰波ノ江（飯沼）は美田と化し、数千町分の飯沼新田が開発された。

さらに小貝川下流域では江戸前期、常陸谷原《やわら》三万石・相馬《そうま》（下総国）谷原二万石の新田が開発されている。これは江戸期に各地で盛んになった新田開発の、いわばハシリだったといえる。

つづいて、利根川の瀬替《せが》えという大土木工事が行なわれた。利根川は古来、現・埼玉県東部から古利根川などいく筋にも分流して東京湾に注いでいた。

その東側には渡良瀬川《わたらせ》が足尾《あしお》山地から流れ下り、太日川《ふとい》（現・江戸川）となって東京湾に注いでいた。

江戸前期の寛永一八年（一六四一）、この二大河川の流路をさらに東側の鬼怒川筋に結び、赤堀川《あかほり》・常陸川《ひたち》経由で現・千葉県銚子市に流出させる瀬替え工事が完了した。以後、江戸市街の洪水が減少するとともに、現・埼玉県東部一帯に広がる広大な低湿地が水田化された。

また、銚子から利根川を遡り、関宿《せきやど》から江戸川を経て行徳《ぎょうとく》――日本橋《にほんばし》を結ぶ内水面航路が開かれた。

だが、上野国（現・群馬県）ほか関東北西部一帯の降水をすべて集める新しい利根川は、膨大な流水量となった。その利根川に注ぐ形になった鬼怒川や小貝川のほうは、その分だけ水はけが悪くなった。

一般に、河川の浸食作用は傾斜の急な源流部の山地で強く、激しく峡谷《きょうこく》を刻み流れ下る。一方、傾斜が緩《ゆる》やかな中・下流では堆積作用が働き、年々、河床《かしょう》に土砂が積もる。

結果、河川の中・下流部には土砂が堆積し、河床はしだいに高くなる。両岸の堤防(自然堤防も人工の場合も)は嵩上《かさあ》げされて天井川状にならざるをえない。今回同様の集中豪雨があれば当然、越水・決壊の危険が増す。

長塚節《ながつかたかし》の『土』が描いた鬼怒川低地

私は中学二年か三年のころ(昭和三〇年か三一年)に、学校の図書館にあった「新潮文庫の一〇〇冊」と題されたハードカバー版で長塚節《ながつかたかし》の『土』を読んだ。長塚節の生家があったのは現・常総市国生《こっしょう》地区で、今回の水害で越水した同市若宮戸の対岸に当たる。幸い今回の豪雨禍では、長塚節の生家がある鬼怒川西岸は越水・破堤せず、水害は免《まぬが》れた。

『土』は、地主であった長塚の生家の西隣に住む小作農を主人公とし、貧しい農民生活を描いた自然主義文学である。その主人公が、力仕事のせいで皹《ひび》の入った唐鍬《とうぐわ》を対

常総市石毛付近の鬼怒川

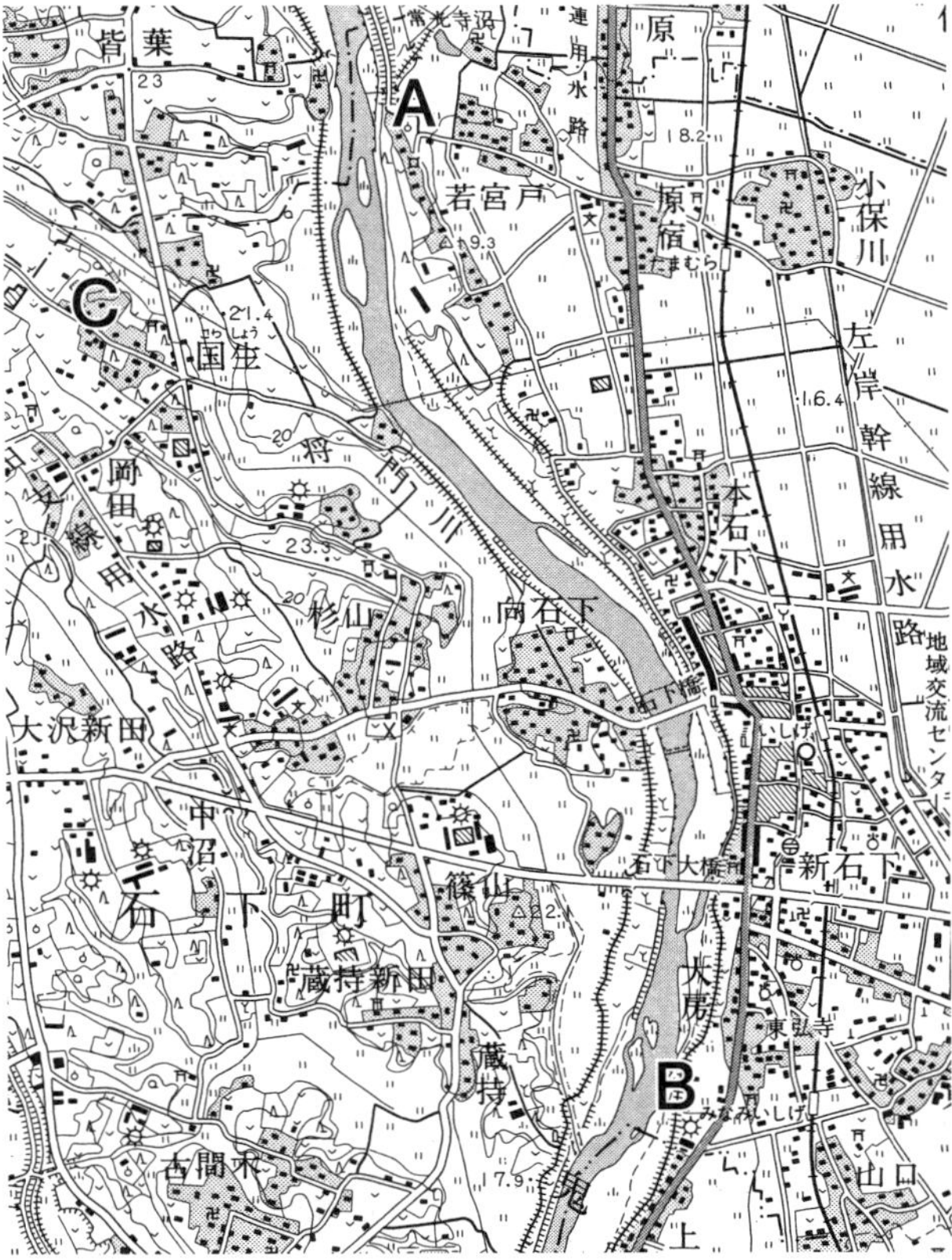

5万分1「水海道」(平成9年刊)

A：常総市若宮戸（最初の越水地点）
B：常総市上三坂（堤防沢壌地点）
C：長塚節生家跡

岸の本石毛地区の鍛冶屋に修理に出すため、船で鬼怒川を渡る場面が描かれていた。

川中洲《かわなかす》では東岸に住む女たちが砂を掘り起こしているのだが、長塚は台地で森が多い西岸に対し東岸側は新田地帯だから薪《まき》が入手できず、女たちは川砂に埋もれた流木のかけらを拾っているのだ、と記している。

『土』が書かれたのは明治末だが、河床に木切れが埋もれているという情景は、それ以前にしばしば洪水が起きていたこと、そして上流から運ばれた土砂が河床に堆積していることを意味する。鬼怒川はそれほどの〝暴れ川〟だったわけだ。

新田地帯がどんどん都市化している！

鬼怒川・小貝川流域の低湿地は、古代から営々として水田化が図られてきた。

日本人は二千数百年前から、稲作を主たる生業にして生きてきた。すでに縄文時代から、畑で陸稲《おかぼ》を栽培していたという説もあるが、稲を作るにはもちろん水田が最適である。だからわれわれの先祖は、二千数百年前から海や湖の浅瀬を仕切って干拓したり、沼地の水を排水して開田したり、川の曲流部を直線化して廃川部を水田に転用したりしてきた。

私の生地は岡山県児島《こじま》湾岸の漁村だが、わが村が定置網漁業権を持っていた二～四km沖合の浅海が堤防で締め切られ、江戸前期の貞享《じょうきょう》年間（一六八四～八八）、幸島《こうじま》新田五六二町歩、続けて沖《おき》新田一九一八町歩が開田した。

日本は古代から〝米本位制〟の国だったから、水田開発にはだれしも反対しにくい。だが、本来は稲作用に開発された水田が、別の用途にやすやすと転用されるとなると、やはり問題ではないか。

私は戦後すぐから高校卒業まで、新田地帯の変貌を見続けてきた。戦後の復興期、そして高度経済成長期、産業道路や国道バイパスが開通すると、やがて工場や流通施設・大型商業施設が進出し、周辺には住宅地が広がっていった。

戦後、稲作の生産技術の改善と食生活の洋風化により、米余り現象が発生した。そして昭和四五年、減反政策が始まった。かつて国民の食糧確保の基地だった水田は、工業用地・商業用地・住宅用地として転用されることになった。

都市地理学では、このような無秩序な都市の膨張を「スプロール化（無秩序拡大）」

と呼ぶ。戦後の日本ではあらゆる都市の近郊に、このようなスプロール化した新興市街地が広がっている。

水田地帯に数十cmばかり嵩上げして「〜丘」とか「〜台」などと称して売り出す商法も問題だが、かつての水田面に直《じか》に基礎工事をし、建造物を建てている例もよく見かける。これでは、出水したら一たまりもないだろう。

今回の鬼怒川水害でも、新築まもない家が基礎ごと水に流された光景がいくつも見られた。

一級河川の堤防が民有地!?

平成二七年の鬼怒川の決壊は旧・石下町の若宮戸地区での越水から始まった。越水した地点は鬼怒川左岸で、地権者が太陽光発電業者に土地を売却し、業者は前年からソーラーパネル設置のため自然堤防を長さ一五〇m、高さ二mにわたって削っていたのだという(「週刊新潮」二〇一五年九月二四日号)。

国(国土交通省)が管理する一級河川の堤防が民有地のまま放置され、地権者や業者が勝手にその堤防を削るなどということが許されてよいはずがない。

この件を報じたＴＶのニュース番組を私はたまたま見ていたが、司会者が投げかけた疑問に、コメンテーターの某有名私大法科大学院教授は何も答えなかった。

この件は、実は明治六年の地租改正条例に起因する。江戸時代、各村（藩政村。私はこの藩政村を近代の行政村の「村《そん》」に対し、「ムラ」と表記する）には、住民全員が利用権を持つ共有林が存在していた。

ところが明治六年の地租改正条例により、全国の土地は官有地と民有地のいずれかに区分されることになった。国や地方自治体が保有する官有地は無番地で課税対象外とされたが、民有地には一筆ごとに地番が付され、それぞれの地目・反別に従って地租が取り立てられることになった。

明治前期、この地租が国および地方の主要な財源となった。

明治初期から資力に乏しい弱小町村の統廃合が進められてきたが、明治二二年、市制・町村制施行に伴う町村大合併により、幕末に七万余あった藩政村は約一万三三〇〇余の行政村に集約された。

この町村大合併によって、近世の藩政村は公的機関としての資格を失った。従来の村名は「大字《あざ》」の名を冠《かん》して存続を許されたが、基本的に法人格はない。ただし戦前段階では、旧村（大字）が有する財産は、一方で行政村の財産として統合するように推奨されながらも、私有財産として保有することも限定的に認められるケースもあった。そうした融和的措置も、昭和二二年（一九四七）、ＧＨＱの解体指令により、市町村へ強制的に移管された。

私有財産権が認められない場合には、すでに明治二二年から、共有林など入会地は以下のような対処を迫られていた。

①権利関係を利用者全員で細分し、各自の私有財産として税負担する。

②近代行政村の資産として登記し、課税対象から逃れる（多くの場合、入会権は慣行として黙認された）。

③旧村の有力者一名または数名が代表して、個人財産として登記、納税する。

常総市の旧・石下町若宮戸地区の場合、③のケースである。登記上の地権者は、地主などかつてのムラの有力者であったのだろう。それが便宜上の措置であることはムラ人全員が了解ずみであっても、数世代を経れば個人名義（本来はムラ共有林）の資産を処分したいとか、時代の変化に応じて有効利用を図りたいという動きも出てくる。

小繫《こつなぎ》事件を教訓に抜本的対策を

明治前期の土地処分に淵源する入会権紛争では、現・岩手県二戸《にのへ》郡一戸《いちのへ》町小繫《こつなぎ》の山林二〇〇〇町歩が、共有の入会地だったのに、代表者一人の名義で登記された（前述③の例）ため発生した、いわゆる「小繫事件」がある。

小繫ムラの入会地の一部は明治四〇年、陸軍省軍馬育成所として売却されることとなった。一方、小繫ムラは大正初年、大火で全戸が焼失したため、住民は住宅再建のため入会地の山林を伐採しようとした。そこで大正六年、ムラ人たちは入会権確認訴訟を提起したが、戦前の大審院判決で原告敗訴とされた。

紛争は戦後も続いた。東京都立大・戒能通孝《かいのうみちたか》教授の献身的な尽力にもかかわらず、昭和四一年一月、最高裁判決で改めて原告敗訴とされ、いちおうの決着を見た。

ちなみに私の生地のムラの場合、共有林だったムラ山は登記上②のケースだが、アカマツ林は数十区画に区分され、毎年二、三の区画ごとにムラ人の共同作業で伐採(「タテヤマ」という)され、薪材として売却された。その跡地には二〇年ほど経《た》つと大量のマツタケが生《は》え、その入山料は青年団の活動費に充《あ》てられた。

私は小学五年生の秋から年五〇〇円の入山料を払ってマツタケ引きに入ったが、ムラヤマ(入会林)の奥まった一画に高さ二〇〜三〇mにも達するアカマツの美林が残されていた(樹齢は一〇〇年以上か)。これはムラに大火があった場合、住宅再建に備えたものだったに違いない(ただし、このような老樹の下にはマツタケは生えない)。

小繫事件は入会権と個人の財産権の問題として世間の関心を呼んだが、単なる財産権訴訟以上の問題を孕《はら》んでいた。

つまり、本来は公共財としての共有林が明治初期の法制によりやむなく個人の財産として登記されたのであったが、それが地域社会の公共の利益に反して勝手に処分されてよいのか、という問題である。

今回の常総市若宮戸の事例は、地域社会の公共の安全にかかわる一級河川の堤防が個人所有となっている事態の重大さを、政治も行政も司法も想定できたはずである。今からでも遅くない。国土交通省および都道府県・市町村の担当者は、同様の事例の有無を早急に全国的に調査し、抜本的対策を講《こう》ずべきである。

小貝川はこれまで何度も氾濫した

小貝川は栃木県那須烏山市西部に源《みなもと》を発し、同県南東部を南流、茨城県南西部を鬼怒川と並流し同県取手《とりで》市と利根町の境で利根川に合流する。鬼怒川の項で述べたように、かつて下流部分は鬼怒川と一体となって一大低湿地・沼地を形成していた。

関東北部の山岳地帯を源流とする鬼怒川とは異なり、この小貝川の源流は那須火山の溶岩流扇状地の湧水群である。那須岳には関東平野を吹き抜けた湿風が時に大雨を降らせるから、流水量はけっして少なくない。

しかも、下流部は低平な平野部を曲流・蛇行しているので、しばしば氾濫《はんらん》を繰り返した。第二次世界大戦後も、昭和二五年（一九五〇）八月、当時の稲敷《いなしき》郡龍《りゅう》ケ崎《さき》町と北相馬郡高須《たかす》村の境で決壊している。

直近の例では昭和五六年（一九八一）八月二四日、台風一五号がもたらした大雨によって利根川の流量が増水、支流・小貝川に逆流した。

小貝川はかつて、現・取手市（旧・藤代町）高須で大きく東に湾曲して流れていたが、大正一四年（一九二五）、捷水路《しょうすいろ》を開削、ショートカットした。このショートカットした捷水路に旧流路が交《まじ》わる地点の堤防が破堤、逆流した水によって龍ケ崎市川原代町《かわらじろ》で左岸が約二〇〇ｍにわたって決壊した。

曲流・蛇行する流路をショートカットして水流をスムーズにするという工法には、私は何の異論もない。ただ、河道改修後半世紀余りで二度も氾濫したということは、工法自体に瑕疵《かし》があったのか、完工後の河川管理に落ち度があったのかの、どちらかであろう。

旧河道の部分は廃川扱いだから国の管理下ではなくなった、と釈明するのであれば、河川管理行政を根本から見直さなければならなくなる。

小貝川決壊地点

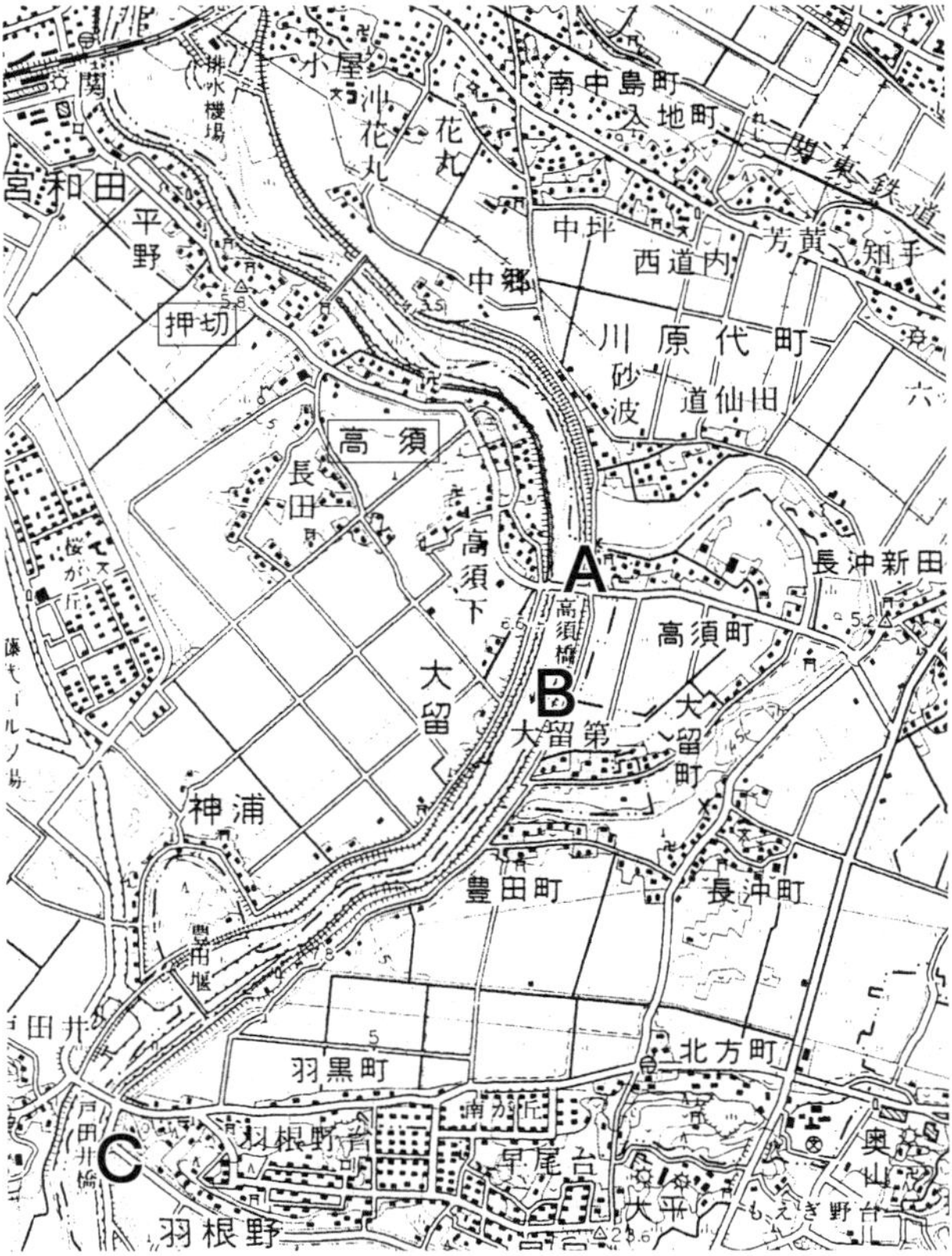

5万分1「龍ヶ崎」（平成17年刊）

A：昭和56年決壊地点
B：大正14年ショートカット流路
C：寛永7年の開削新水路

高須は「小高い砂州」のことだが……

私は小貝川決壊の一報を聞いてすぐ、五万分一図を取り出し、確認した。付近の地名で真っ先に気になったのは、「高須」であった。

「高須」という地名は各地にあるが、一番有名なのは美濃石津郡《みのいしづ》（現・岐阜県海津市《かいづ》海津町）の松平氏《まつだいら》三万石（尾張藩支藩）の高須城下町である。この地は美濃国南西部の木曽川・長良川と揖斐川《いび》に挟まれた輪中《わじゅう》地帯にある。城と城下町は標高二・五mの微高地にあり、やや小高い地だから平城が造られたのだ、と考えていた。

だが、この小貝川の決壊地点が取手市高須地区の対岸であり、しかも小高い高須地区を取り囲むように旧河道が大きく曲流すると知って、考えをやや改めた。

つまり、高須とは過去に何度も何度も川が決壊して押し出された土砂が堆積し、微高地となった地のことではないか。小高い地だから浸水の危険はない、などと安心してばかりはおられない。近くには過去の決壊個所が何カ所もあるはずで、次回の洪水の規模しだいでは高須地区でも浸水や流出の危険もありうるのだ。

決壊地点の対岸にあった「押切《おしきり》」という地名

この近くで過去に何度も何度も堤防決壊があったはず、というのは単なる憶測ではない。現・取手市高須の北西に接して、同市押切《おしきり》地区がある。昭和五六年の小貝川（旧河道）決壊個所の対岸、わずか二km余りしか離れていない地点である（45ページ地形図参照）。

この「押切」地名は東日本に多い地名だが、これは「（大量の水で堤防が）押し切られた」ことを示す地名と見て間違いあるまい。また、押川・押沼・押堀・押戸・押田なども、ほぼ同様の地形を呼んだものかと思われる。

よく似た地名に「押出」があるが、こちらは群馬県吾妻《あがつま》郡嬬恋《つまごい》村の鬼押出が名高い。今から四〇年ほど前、私は女性週刊誌の旅記者をやっていたが、長野県軽井沢町を取材したおり、浅間火山の東腹を走る県境を越えて、群馬県側の鬼押出にある火山博物館を訪れた。

浅間火山の溶岩流が北斜面に押し出した奇勝で、話には聞いていたが、聞きしに勝《まさ》る圧倒的な景観だった。

このときは足を運ばなかったが、この鬼押出から二、三km先には、天明三年（一七八三）の浅間山大噴火（「浅間焼け」という）で溶岩流が押し寄せ、死者四六六名を出した鎌原《かんばら》村（現・嬬恋村鎌原）がある。村人らが溶岩流に追われて神社だったか寺院だったかの石段まで逃れ、そこで溶岩流に呑《の》まれてしまった悲劇の地であった。

龍ケ崎市の「龍」は何を意味するか

昭和五六年の小貝川決壊では、濁流が決壊個所から二kmほど東の龍ケ崎市街地まで押し寄せている光景を、TVのヘリコプター中継の映像が映し出していた。それまでの私の地名知識では、タツとは「立ち上がったような小高い丘・台地」と考えていたので、目前の映像とは相当〝違和感〟があった。

ただ、龍ケ崎市街地にある微高地は標高五m前後で、北の稲敷台地の標高二五m内外と比べるとかなり低い。それでも、「龍＝タツ＝小高い所」でよいのか、長い間、「?・」マークが付いたままだった。

ところが、平成五年（一九九三）の鹿児島大水害の日豊本線竜《りゅう》ケ《が》水《みず》駅のTV画像で、一挙に解答が出た。竜ヶ水駅の映像は、台地の頂上付近から水が絶えず噴き出す圧倒的な迫力があった。その映像を見ながら、私には既視感があった。——これは、ムラの消防と同じではないか……。

江戸時代中期、「龍土水《りゅうどすい》」という手動木製ポンプがわが国に伝えられ、これが明治期まで主な消防器具となった。戦後すぐのころ、ムラの消防分団の演習で古ぼけた龍土水を目にしたことがあったが、旧式ながら排水口からほとばしる水には十分勢いがあった。

小貝川はもともと、龍ケ崎市街地のすぐ南側を流れていたが、江戸前期の寛永七年（一六三〇）、取手台地を開削して利根川に直結させた。つまり、昭和五六年の決壊個所であった取手市高須の旧河道から東南東に龍ヶ崎市街地の南方へ向かうのが小貝川（そして鬼怒川）本来の流路であった（45ページ地形図参照）。

ここでも「水は低きに流れる」鉄則が生きていたのである。つまり、「龍ケ崎」とは、鬼怒川・小貝川の「流れ出る先端」という意味の地名だったのである。

宮城県渋井川は西荒井地区で決壊した

平成二七年九月の豪雨災害では、宮城県大崎市（旧・古川市）西荒井で渋井川（一級河川・鳴瀬《なるせ》川の二次支流）が氾濫した。TVの取材に応じた地元市役所職員は、「この川は昔から荒れたことはなかったのに……」と呟いていた。

西荒井は鳴瀬川と北上川水系の一次支流・江合《えあい》川（一級河川）が五〜一〇km間隔で並流する地で、かつては両河川が交錯・乱流した湿地か沼地だったのだろう。

旧・古川市周辺には古墳時代〜古代の遺跡も点在するが、渋井川流域はおそらく中・近世ごろ湿地・沼地が開田されたもの、と推測できる。なぜなら、渋井川の流路が湿地帯に直線状に構築されているので比較的新しい時代に手が加えられた、と判断できるのである。

この地名について、「新居が転じたもので新田開発地に新たに開かれた民居を意味する」という説がある。柳田國男が明治四三年に唱えた説だが、柳田自身、この論考の末尾で、「けれども荒野の邑落《ゆうらく》または新しき邑落をアラヰということは、昔の語法としては少し似つかぬ」と、結論をかなり逡巡《しゅんじゅん》している。

大崎市西荒井付近

2万5000分1「古川」(昭和41年刊)

明治末年から大正期の柳田の初期地名考説は、子細に検証してみるとかなり荒っぽい論理のものが少なくない。だが、のちに「日本民俗学の父」と称賛される〝大家〟の説として一人歩きを始める。この「荒井＝新居」説も、その一例である。

荒井とは「荒れる川」のこと

ヰという和語は、各地の方言用例から見ると本来、「水場」とか「流水のある所」を意味したらしい。今でも河流を堰《せ》き止める施設をヰ・ゼキ（堰）というが、このヰは「流水・川」でなければ意味をなさない。

ところが古代のある時期、漢字の「井」という文字が輸入されて和語のヰ（このカタカナ文字も漢字の「井」に由来）に当てられた結果、ヰとは「掘り井戸」という認識が広まってしまった。

だが、たとえば各地の大井川などは、「大きな井戸のある川」と考えては、「川の中に井戸がある」という景観上ありえない絶対矛盾に陥る。

そこで、本来は「大井」だけでbig riverだったのに、もう一つ別に流水を意味する「川」を語尾に付けて「大井川」としたのである。「荒井」も「荒れる井戸」では何のことやら意味不明だが、「荒れる川」なら、日本中どこでもありうる。

川が荒れた結果として新しい流路が形成されるが、それは「新川」でもあり、「新井」でもある。つまり「荒川」・「荒井」・「新川」・「新井」は同義、または類義の地名であろう（51ページ地図参照）。

千間堀がいつの間《ま》にか「せんげん台」に

平成二七年秋の「関東・東北豪雨禍」では、鬼怒川の大水害に目を奪われて目立たなかったが、東武鉄道伊勢崎線の埼玉県越谷《こしがや》市の「せんげん台」駅付近の線路と駅前一帯が広く冠水した。

埼玉県越谷市と春日部《かすかべ》市の市境付近は古利根川・元荒川・古隅田川に囲まれた低湿地で、江戸初期まで沼地が点在していた。これらの沼地は近世初期に干拓されたが、新方川《にいがたがわ》（通称・千間堀）はその悪水排水路であり、下流では用水路として利用した。

東武鉄道せんげん台駅は、昭和四二年四月一五日の開業だが、駅名は千間堀の名を借用したものである。

「千間堀」を「〜台」とした手法は、歴史的・伝統的地名が正しく継承されることを願う立場からすれば、とても了解しがたい。駅開業と前後して周辺に建売り住宅街が計画され、そのイメージアップを図る意図があったのだろう。この問題はしかし、鉄道事業者・不動産業者も、買う側・利用する側の新住民もすべて了承ずみだったはずだから、現代日本を象徴する難問ではある。

駅は越谷市千間台東町にあるが、駅周辺には千間台東町のほか、千間台西一〜六丁目などの新興住宅街が広がる。

私は昭和四三年暮れから、大宮台地上の公団賃貸団地に住み始めたが、当時、県東部の何市だったたか、豪雨があって「〜丘」とか「〜台」のつく新興住宅地がその市で真っ先に浸水したというニュースに驚いた経験があった。

掛《かけ》・圻《がけ》などのガケ系の地名は堤防の「決壊個所」

埼玉県東部の低湿地には、岩槻《いわつき》市掛《かけ》・八潮《やしお》市圻《がけ》などカケ・ガケ系の地名が点在す

駅開設直後の東武せんげん台付近

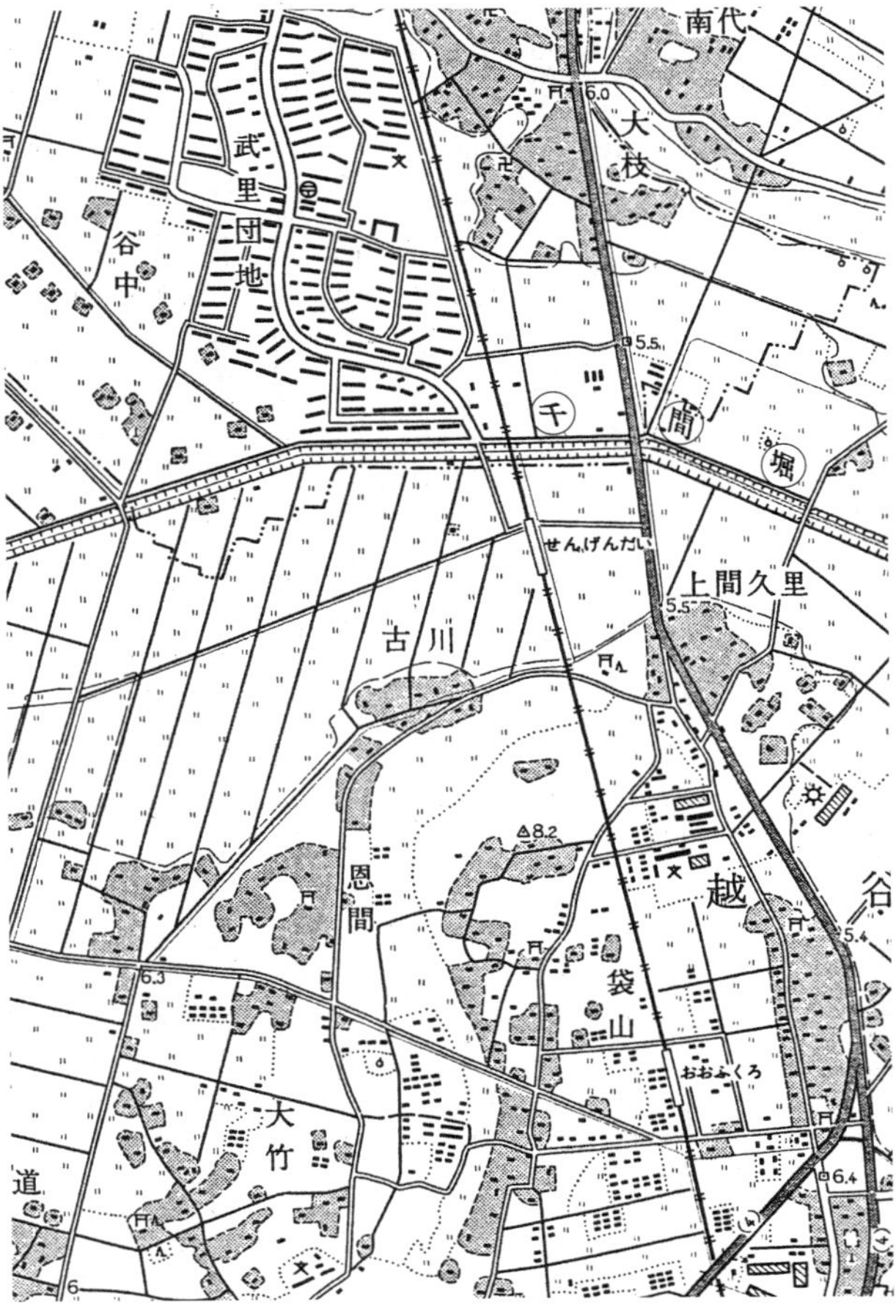

2万5000分1「野田市」(昭和43年調査、同45年刊)

る。関東平野のほぼ中心部において地形的に崖はありえないから、これは「堤防・川土手」を意味する東国方言の用例の一つだろう。堤防をカケ・ガケと呼ぶのは、堤防は豪雨があって川が増水すれば、いつか必ず決壊するものであるからだ。

八潮市垳の場合も、綾瀬《あやせ》川から分流して中川に注ぐ垳川北岸にあるが、かつては綾瀬川の旧・流路で、この付近でしばしば湛水《たんすい》した地という。この垳も、単なる川土手というより、決壊地点を呼んだ例であろう。

関東平野ではないが、静岡県掛川《かけがわ》市の場合も、同じである。

昭和二八年九月、町村合併促進法が施行されたが、翌年四月、私の村は岡山市に編入・合併された。私たちは、それまで進学予定だった南隣の三村組合立中学から、西隣りの市立中学に通うことになった。

中学生になったばかりの私は、毎日の新聞紙上で報じられる全国の合併新市名をチェックし、姉の使った地図帳に赤丸を付けていった。

昭和二九年三月末日、私の村が岡山市に編入される一日前に、静岡県掛川市が誕生した。のちに五万分一地形図で掛川市付近を調べてみたところ、掛川市内に「掛川」

という名の川はなかった。市街地周辺に、崖地らしい地形もなかった。この静岡県掛川市あたりも、南に遠州灘を受けて年間総雨量がかなり多い所である。とすると、この地名も、やはり「決壊する川」、あるいは「過去に決壊したことのある川」という意味の地名だろう。

オゴセ（越生）とは「驕《おご》る瀬」のことか

埼玉県内の水害関連地名を、もう少し探っておこう。

埼玉県入間《いるま》郡越生《おごせ》町は中世の越生郷の地で、荒川支流の越辺《おっぺ》川が外秩父山地の顔振《こうぶり》峠に源を発して関東平野に出る谷口に位置する。外秩父山地は湿った南東の風が平野を越えて吹き付け、埼玉県下では比較的雨量が多い。

私は社会人一年目の秋、会社の同年入社で当地出身の同僚の案内で若手社員二〇余名とともにハイキングで訪れた。西武鉄道吾野《あがの》駅から顔振峠を越えて黒山三滝に出、梅林の中を流れる越辺川沿いに越生の町へとたどった。その後、越生には六〇歳代に数度、仕事仲間の大手出版社関連ＯＢらの梅見会で訪れたことがあった。

オゴセとは「驕る瀬」のことで、「水流が奔騰《ほんとう》して溢れる地」という地名であろう。各地の河川名には、於古《おこ》川（石川県）・於後《おご》川（兵庫県）・御後《おご》川（愛媛県）などオコ・オゴと読むものが点在するが、これらも同系かと思われる。

越辺川のオッペも、オス（押）・ベ（辺）が促音化したもので、ほぼ類義の河川名か、あるいは47ページで紹介したオス（押）系の地名と同じく堤防決壊関連の地名かもしれない。

黒山三滝の隣りの谷の同町龍ケ谷《たつや》にある曹洞宗《そうとうしゅう》長昌山龍穏寺《ちょうしょうざんりゅういんじ》には太田道灌《おおたどうかん》の墓があり、江戸時代には曹洞宗大僧録《だいそうろく》になって、東国一三カ国の曹洞宗寺院を統括した。この龍ケ谷の龍穏寺も、やはり水に関係ある名称であろう。

関東平野の中央部は乾燥地帯だが、その北縁・西縁の地は平成二七年の関東・東北豪雨禍のように、時に大水害が起きる。

II

地下街・地下室〝水責め〟の恐怖

――平成一一年、博多駅・新宿区西落合、そして東京直下型地震

地下室で〝水責め〟という恐怖の記憶

少年のころ、実体験ではなく記憶として刻みつけられた〝恐怖の体験〟が二つあった。その一つは竜巻で、これは当時購読していた少年雑誌か漫画雑誌で読んだ記憶なのか、海の上から天に巻き上がる竜巻が船も人も飲み込んでゆく悪夢のようなシーンが、その後もときどき私の脳裏《のうり》にフラッシュバックした。

もう一つの〝悪夢〟は、狭い地下室に閉じ込められ、どこからともなく水が入ってきてやがて立っていられなくなり、口と鼻を水から出して浮くのだが、その空気のある空間が目の前あと一㎝、というあたりで目が覚める。――この悪夢のほうにも、学生生活を続けている間、ときどき襲われた。

心理学上は「閉所恐怖症」のうちに分類されるのかもしれないが、幼少期の実体験としてはとくに狭い場所に閉じ込められたという記憶はない。このような体験あるいは性向は、私だけでなく読者のなかにも心当たりのある方がおられるのではないだろうか。

このような〝幻想〟上の恐怖が現実化した災害が、近年あちこちで何度も起きている。ひとことで言えば、地形も地質も無視した無計画な都市化が、本来ありえないはずのこのような災害を現実のものとした。

平成一一年（一九九九）六月二二日から七月四日にかけて、九州から東北まで猛烈に発達した低気圧が梅雨前線に沿って日本列島を縦断し、各地が豪雨禍に襲われた。六月二九日午前、福岡市周辺では一時間当たり七九・五㎜の大雨を記録、御笠川《みかさ》が増水し溢水した。おりからの満潮時と重なったため河水が博多湾に排水できず、JR博多駅東側一帯に氾濫した。

博多区博多駅東二丁目一帯は歩行者の腰まで浸《つ》かるほどの水浸しになり、水は地下街やビルの地下室に大量に流れ込んだ。このとき、六階建てビルの地下室で、開店準備中だった飲食店女性従業員一名が逃げ遅れ、溺死した。

その一カ月足らずのちの七月二一日午後、東京二三区の北西部で集中豪雨があり、新宿区北部の神田川《かんだ》・妙正寺川《みようしようじ》合流点付近に溢れた水が集中した。新宿区西落合三丁目のマンションビルの地下倉庫に大量の雨水が流入、所有者の男性が浸水具合を確認するためエレベータで地下室に入ったところ、階段から大量の水が一挙に流入した。逃げようにもエレベータは動かず、そのまま溺死してしまった。

この二つの事例は、都市水害の現代的特徴を示している。

水が落ち合う地だから「落合」

東京・新宿区の上落合・下落合は、神田川と妙正寺川が合流する地点で、文字通り「河水が落ち合う地点」を示す地名である。

ちなみにドイツ西部のラインラント・プファルツ州のコブレンツはローマ帝国時代からの歴史ある城塞都市で、ライン川とモーゼル川の合流点に位置することから、ラテン語で「合流点」を意味するコンヘルフルエンテスが語源とされる。

新宿区西落合は神田川・妙正寺川合流点から西へ二km近く離れているが、豊島区境の目白通りから妙正寺川方向へ傾斜する谷間になっている。豪雨で溢れた水が集中する地形になっていたわけだ。

なお、和語の地名用語では、「吐合《はきあい》」や「川口《かわぐち》」も「落合」とほぼ同じ意味である。「川口」の場合、一般には「川が海や湖に注ぐ所」と解されているが、実際はその例はごく少数で、支流が大きな本流に注ぐ入口の例がほとんどである。

われわれの祖先は、河川を水運に利用することは稀《まれ》で、目の前を流れる川筋を本流・支流の如何《いかん》を問わずそれぞれ別の名で呼んだらしい。

落合は、だから二つまたはそれ以上の河水が合流する場所で、水田稲作にとっては最適地だった。ただし、ある条件下では好都合であっても、その条件が変わり、時代が変転すれば、たちまち不都合な事態に陥る。

農村では、想定外の大雨が降れば、落合と呼ばれる地は真っ先に冠水する。都市化した場合、落合地区は十分な排水施設を設けていなければ、先の新宿区西落合のような不測の事態を招くのである。

実りがなかった地名「落合論争」

実は、「落合」という地名は、地名研究にとってはある意味では記念すべき地名であった。昭和三二年から、京都・伏見《ふしみ》にあった地名研究所の同人季刊誌として『地名学研究』という研究誌が刊行されていた。その第七号～二〇号にかけて、数回にわたって鏡味完二・落合重信両氏の間で展開された「落合論争」と呼ぶべき論争があった。

鏡味完二は、戦前から五万分一地形図を基に三二七種の地名を拾い出し、その分布図を作成した。個別の地名一つずつの歴史的経緯から地名を論じようとする従来からの研究手法に対し、同類の地名の分布を通じてその地形的特徴または歴史的起因を探ろうとするのであれば、一八世紀のスウェーデンの植物学者カール・フォン・リンネの業績に匹敵する科学的成果として評価されたかもしれない。

ところが鏡味は、個別の地名の意義、またはその意義の微妙な地方的差異を考察するのではなく、地名の分布の空白域に注目した。おそらく、柳田國男の「方言周圏論」に倣《なら》って、日本列島の文化の地域差を分析したかったのであろう。

一方、落合重信のほうは、鏡味の分布図が五万分一地形図から拾った集落名などが主であることを指摘、行政の都合で時を経るに従って変転する集落名などは「本当の地名ではない」と断定した。

そして、鏡味が「落合地名は近畿地方になく、空白域である」とするのに対し、落合は自身が作成した「神戸市小字《こあざ》集」中に「落合」地名が現存することを挙げて、鏡味の空洞説を否定しようとしたわけである。

この論争は、結局、「不毛の論争」だった。集落名も小字（耕地名）も、ともに地名である。大小の違いはあっても、共通する要素を検索し、集落名や耕地名の成り立ちの構造を解明することこそ、地名研究者の使命だったはず。

ところが落合のほうは、集落名を「不純な信用しがたいシロモノ」と切って捨てた。あえて指摘しておくと、落合が固執する小字も、明治初年の地租改正後の地籍図作成段階で、江戸期以来の旧字数個をまとめて一つを残したり、新名を採用するなどという行政の〝作為〟が入っている。

鏡味のほうは、地名そのものの分析よりも、その分布から日本文化の地域的特質を導こうとした。日本列島の地名に異民族的要素を拾い出し、いわば「日本列島民族地名文化論」といったテーマに踏み込むつもりだったのかもしれない。

だが、そんな大テーマに踏み込む前に、どの地名がどんな場所でどのように命名されているか、すなわち地名の語源的解明こそ先決ではなかったか。

日本の地名はほとんどが災害に関連する

地名「落合」もそうだが、自然の特徴たる地形はすなわち、農耕生活に必要不可欠な自然認識だった。そうした自然認識は、農耕が主産業ではなくなった今日でも、人間が地に足をつけて生活している以上、必ず役立つし、役立てなくてはならない。よく「漁民は〝観天望気《かんてんぼうき》〟の天才である」といわれる。同じ言い方をすれば、「農民は地学・動植物学の天才でなければならない」ともいえる。

田畑一枚ごとの土壌の特性、水掛かりの良否、年ごと・季節ごと・日ごとの気候・気象、そして作物（植物）の特性、土壌を分解する微生物や花粉を媒介する昆虫の生態など……を的確に把握していなければ、望ましい収穫は期待できない。

宮沢賢治は、詩人であるとともに、在地の地学者でもあった。ただし、地名をどう使うべきかを考える立場の私からすれば、「岩手」を異国風に「イーハトーブ」ともじるなど、彼の地名感覚には、とても賛同できない。だがそれでも、彼の地学と農学を一体視しようとする姿勢は大いに評価できる。

ただし、宮沢賢治ほどの地学の素養があれば、私なら詩などの文学的表現ではなく、地域ごとの災害誌を試みただろう。当然、地名に対する知識が前提になる。

私の生地の岡山県児島湾沿いの漁村には、地籍図作成前の旧字（江戸期の小字）が九七、明治以降の小字はその時々の行政の都合で合理化のため整理・統廃合されてきたが、『角川日本地名大辞典　岡山県』所収の小字集では二七に減少している。

私の村（旧村）には「落合」なる小字はないが、「打高下《うちこうげ》」なる小字があり、この小字は動詞「打ち毀《こ》ぐ」が名詞化した語で、台地の縁辺が水に浸食されて切り取られたような地形を呼んだもの。

もう一つ、小字「荒神《こうじん》」とは、わが家の先祖（「新家」姓）が江戸中期まで本家・塩田家と隣り同士で住んでいた地で、本家ともども山崩れで埋没した場所である。一人だけ生き延びたわが家の先祖は、海辺に新宅を構え、「楠原（崩れ原の意）」姓を名乗ったが、山崩れの跡地（三反弱のわが家最大の畑地）の隣接地にスサノヲ神を祀《まつ》って一帯を「荒神」と呼んだ。

小学生のころ、梅雨末期に集中豪雨があると、父は「あの田のアゼが危ない」と叫んで、深夜にもかかわらず鍬と懐中電灯一つを持って飛び出ていった。小学生の私が動員されることはなかったが、父にはどの程度の雨が降るとどの田畑でどういう事態が発生するか、わかっていたのであろう。

一農家の田畑の損害は、規模が大きくなれば地域全体の災害となる。農民の知識と経験が、地域の防災に役立てられなければならない所以《ゆえん》である。

東京付近の河川は危険がいっぱい

東京の下町は江戸時代以来、しばしば水害に襲われてきた。よく「火事と喧嘩は江戸の華」などと言われるが、水害もまた江戸においては日常茶飯の出来事であった。

近代以前の社会では、人命はいわば〝消耗品〟扱いであった。主産業で社会基盤そのものであった農業、すなわち水田稲作にとっては、出水は必ずしもマイナス要因ばかりではなかった。水が引けば水田はすぐに修復でき、前年と同じような収穫が期待できる。

江戸だけでなく、近世の城下町はおおむね平地の真ん中に平城または平山城を築き、領国支配の拠点とした。しかも、その城下町の近くにはほぼ必ず、周辺の平野を潤《うるお》す大・中の河川が流れる。

そうした河川は、数年または十数年ごとに氾濫を繰り返す。壮大な城壁と聳《そび》える天守閣は、近世になるとほとんど無用の長物と化したが、あるいは数年、十数年ごとの洪水に備えるためだったか、とも思える。

水浸しになった城下一円を天守閣から見下ろしながら、領主は部下に「一刻も早く復興に励め」と叱咤激励する。まあ、この構図は現代でも基本的には同じではあるが……。

東京都二三区は、武蔵野台地と下町低地からなる。

下町低地は、後述するように江戸が開府した四二〇年以上前から毎年、隅田川の氾濫に悩まされてきた。

武蔵野台地から下町低地に流れる川は、北から石神井川《しゃくじい》、谷戸川《やと》（藍染川《あいぞめ》）、神田川、小石川《こいしかわ》、桜田川《さくらだ》、渋谷川《しぶや》（古川）、目黒川《めぐろ》、呑川《のみかわ》などがあるが、いずれも山深い山地を水源としていないにもかかわらず、数年、十数年ごとに溢水を繰り返す〝暴れ川〟であった。

石神井川がつくった豊島扇状地と天狗の鼻

石神井川は武蔵野台地中央部の小平《こだいら》市付近の湧水が水源で、西東京市から練馬区・板橋区・北区を流れて、北区堀船《ほりふね》で隅田川に注ぐ。台地から下町低地に流れ下る南側は、鎌倉期から「滝野川《たきのがわ》」の村名があり（昭和七年〜二二年には区名）、この付近で標高差約一八mを滝のように一気に落下する。

この付近の俗称・音無《おとなし》渓谷とは、「音が無い」のではなく、音を立てて流れる川を「音を成す」と表現したもの。権現の滝・不動の滝・大工の滝・弁天の滝などが連なり、八代将軍・吉宗によって紀州から勧請された熊野権現の鎮座する飛鳥山《あすかやま》と一体となって、江戸の衆庶の格好の遊楽地であった。

現在、石神井川が隅田川に合流する地点の北側に、約二kmにわたって隅田川方向に北区豊島一〜八丁目が突き出ているが、この突出部は江戸期、川船の水主《かこ》らから「天狗の鼻」と呼ばれて親しまれてきた。

この「天狗の鼻」地形は、かつての石神井川が運んだ砂が堆積した砂州《さす》（扇状地）で、これだけの堆積地が形成されるということは、この川の浸食力・堆積力の強さが

天狗の鼻（中央右）と工事中の荒川放水路

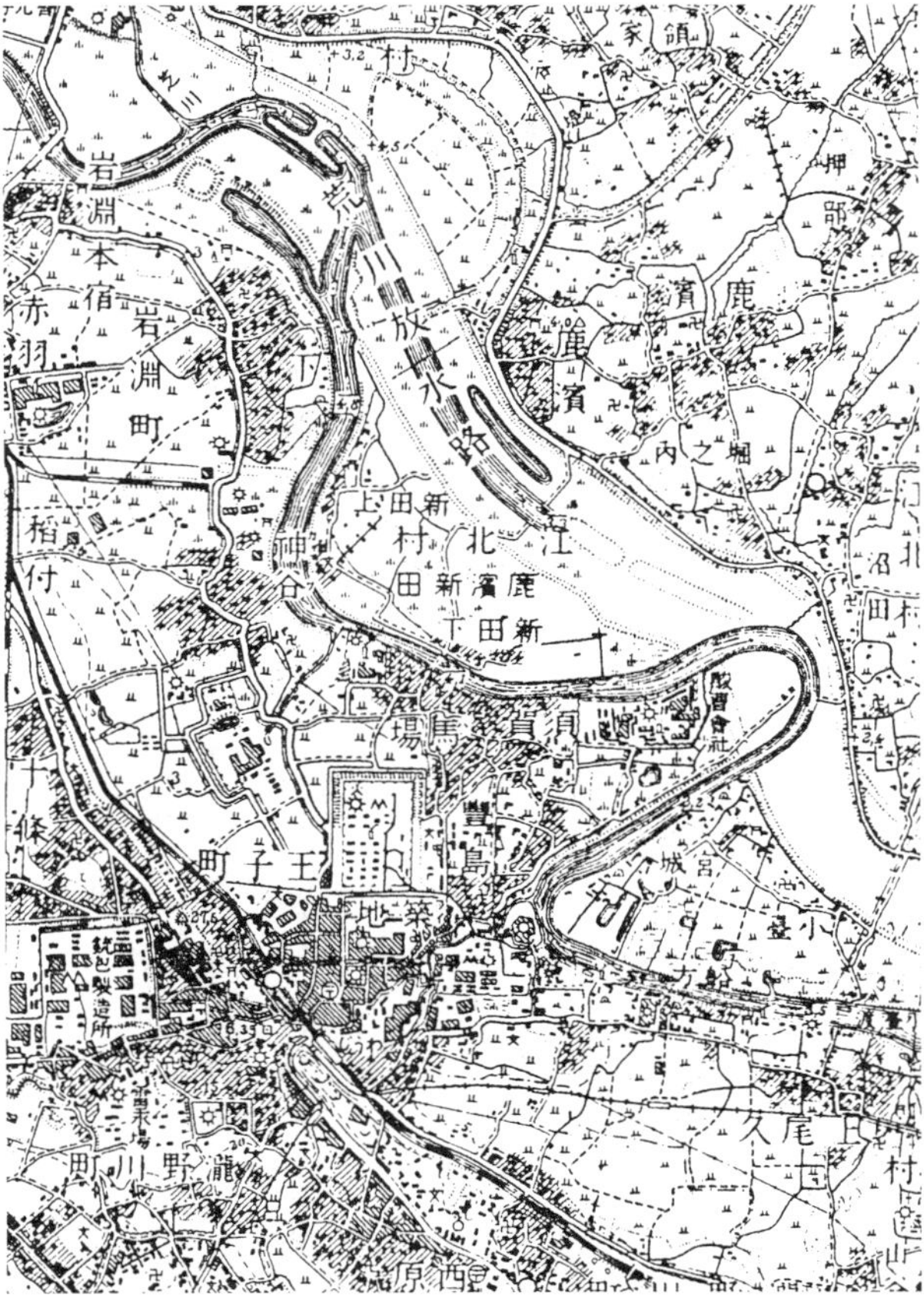

5万分1「東京西北部」（大正10年部分修正）

よくわかる。

なお、『和名抄』国郡郷部の武蔵国豊島郡・郷の原点は、この北区豊島である。吉《よし》田東伍《だとうご》ほか近代の歴史地理学者は、この豊島郷の地を江戸城に近い日比谷入江東側の「江戸外島《と》」としたが、近年、北区西ヶ原や上中里地区の発掘調査によって古代郡衙《ぐんが》（郡役所）跡とみられる遺構が発掘されており、ここが古代の豊島郡衙だったのだろう。

つまり、中世の豪族・豊嶋氏は北区豊島の地名を背負ったもので、やがて石神井川沿いに上流に勢力を広げていった、と思われる。したがって、西隣りの豊島区の区名は、「豊嶋氏の勢力圏の中心」といった意味で採用されたもの。


谷戸川は「セ（瀬）・ノ・タギル（滾）川」だった

谷戸川は豊島区上駒込の長池を水源とし、西ヶ原・中里・田端を南東流し、下駒込付近で南南西に流れを変え、谷中・根津を通過して不忍池に注いだ。不忍池に注ぐ手前の下流部は「藍染川」とも呼ばれた。

本郷台地の東縁をゆるやかに流れ、傾斜が小さく水はけが悪いため、江戸期にはしばしば氾濫を繰り返した。下駒込の屈曲点の下流が小名・千駄木《せんだぎ》で、この付近で六〇〇mほど流れる間に約三mの標高差がある。

二〇〇分の一の傾斜は大きくはないが、川幅に比べ水量が多く、しかも川の屈曲点の外側は「攻撃面」とされ、河水が激しくぶつかり岸辺を浸食する部分である。

中部山岳地方には「～田切《たぎり》」という名の河川名（支流名）が多数あることから、タギという地名用語を想定してもよいだろう。タギの語尾が清音化すればタキで、英語の fall に相当する日本語として普通名詞化している。

神田川下流域一帯は大湿地帯だった

神田川は本来、現・三鷹市の井の頭池の湧水が流れる穏やかな小川だった。現・中野区で善福寺《ぜんぷくじ》川、新宿区北部で妙正寺《みようしようじ》川を合わせ、文京区関口《せきぐち》の井堰《いせき》で神田上水を分流する。

穏やかな小川と書いたが、武蔵野台地の各所から湧き出る泉の水を集めて、現・都庁のある淀橋《よどばし》付近では一大遊水池となっていた。「淀橋」とは、その遊水池から北の小滝橋《おたきばし》方面に流れる川に架けられた橋の名によるか。「小滝橋」とはそのさらに下流、標高差十数mを一気に流れ下る途中に架かった橋の名か。

神田川は、二三区の西部や北多摩郡東部の広い範囲から集水するから、この一帯に集中豪雨があるとしばしば氾濫した。近年でも、台風禍や集中豪雨によって数年に一度の頻度で溢水し、沿岸の家屋が浸水するなど被害を出している。

国土交通省や都では近年、この対策として環状七号など主要道路の地下に貯水池や地下河川を掘削するなどの施策を打ち出し、工事を進めている。ただし、今後もますます過密化が進むとみられる東京で、こうした施策だけで対応できるのか、どうか。

神田川の関口堰の下流はかつて「江戸川」の名があった。下流の「江戸城（現在の皇居）に向かって流れる川」の意である。飯田橋から水道橋一帯は一面の湿地帯（吉田東伍『大日本読史地図』は「小石川池」と記す）で、ここには小石川も流れ込んでいた。

元和二年（一六一六）、この南流していた江戸川の水は駿河台を切り開いた人工の

開府前後の江戸城とその周辺

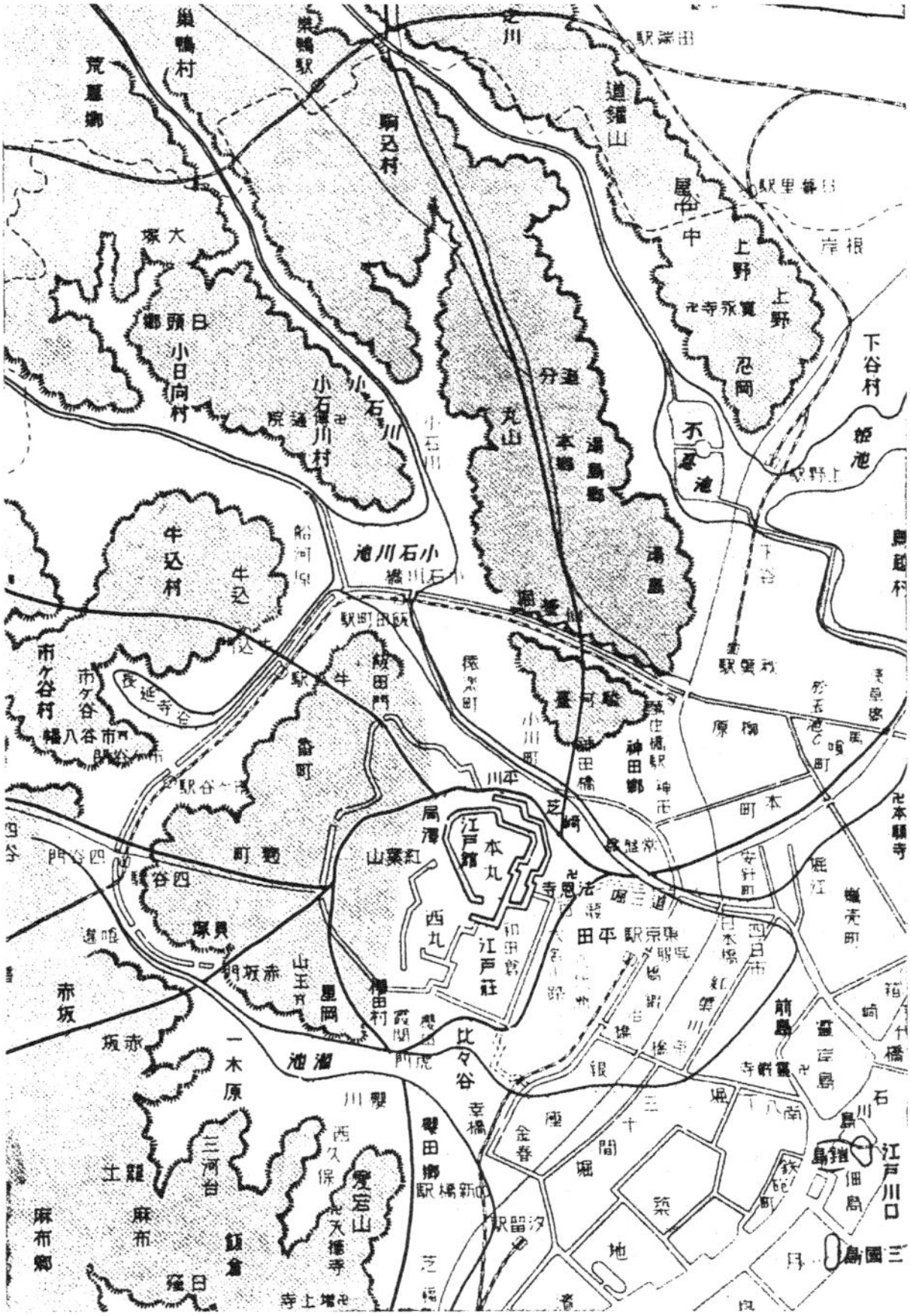

吉田東伍『大日本読史地図』より

水路に東流させ、日比谷入江に注いでいた従来の流路は新たに掘削した日本橋川に繋げた。東流する現・神田川の流路は、万治四年（一六六一）、仙台藩の手で江戸城外堀として整備され、下町一帯の基幹水路ともなった。

目黒川は「メグル（曲流）川」

「目黒」の地名について、「目黒不動の名から」とするのは、一知半解の説。「目黒」地名は全国に九カ所あるが、いずれも川が曲流する地点や海岸が湾曲する地点である。

この地名については、三代将軍・家光が天台宗泰叡山《たいえいざん》龍泉寺《りゆうせんじ》の目黒不動に帰依し、江戸周辺に目白・目青・目赤・目黄の「江戸五色不動」を定めた云々の説が流布している。地名は鎌倉時代から史料に登場するから、家光の五色不動よりはるかに古い。むしろ、目黒不動尊の存在から他の四不動が設定された、と見るべきであろう。その証拠に、「目黒」地名は全国に九カ所もあるのに、「目白」・「目青」・「目赤」・「目黄」などという地名はどこにもない（近年の新興住宅地や分譲団地名は除く）。目黒区

メグル（曲流）川の痕跡

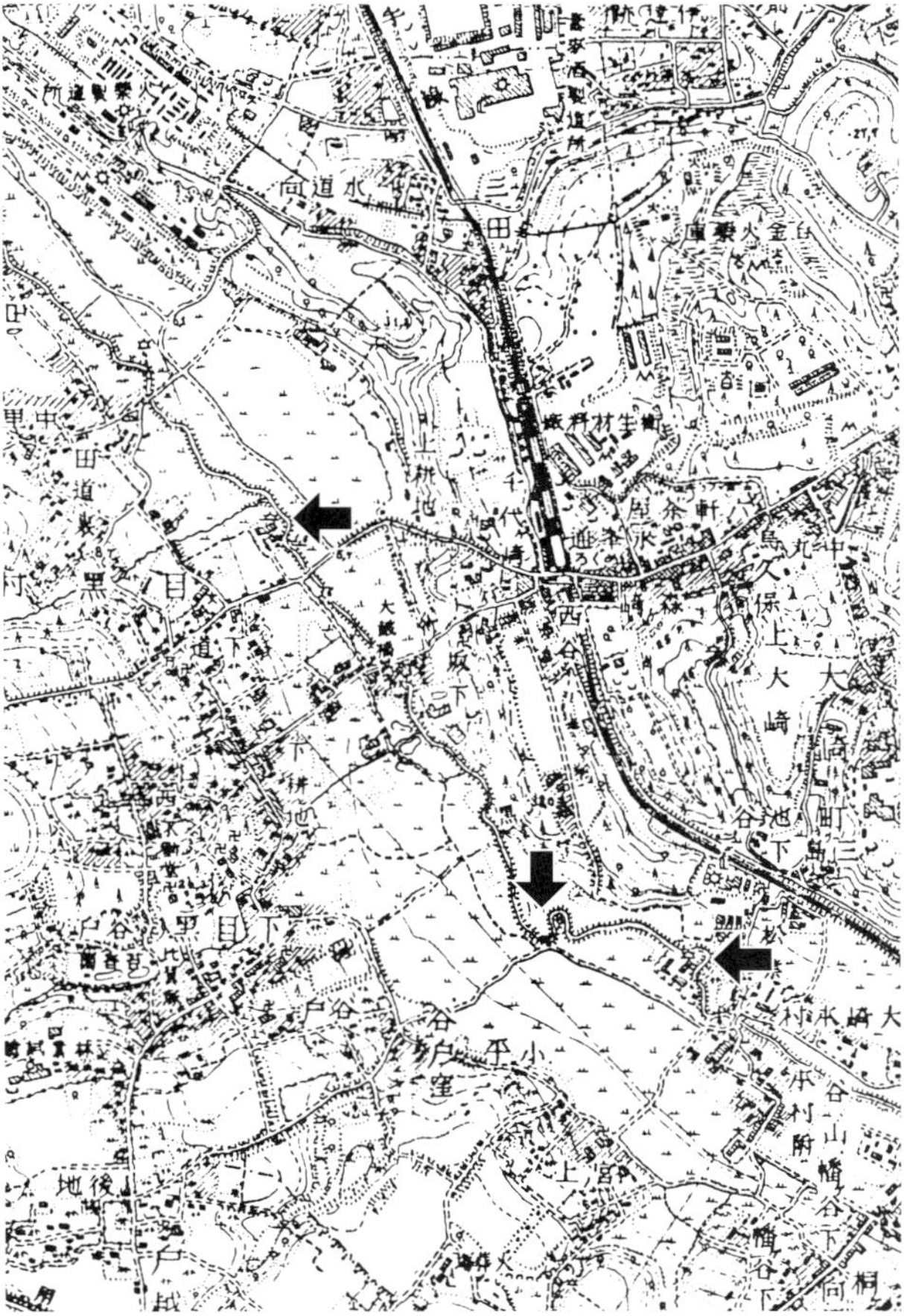

正式２万分１「東京南部」（明治 42 年）

付近で目黒川の流れる低地は幅約一㎞あるが、人手が加わる前の原始河川の時代、目黒川はこの約一㎞の川幅いっぱいに曲流・蛇行しながら流れていたのであろう。明治期の正式二万分一図では、曲流の規模は小さいが、わずかにそれとわかる曲流部が数カ所読み取れる（77ページ地図参照）。

近年の増水情報も、年に一、二回、台風や集中豪雨期に出ている。地下貯水池が整備されてきて、溢水に至ることはあまり心配しなくてもよさそうだが……。近年、この目黒川沿岸にはマンションなどが建て込んできており、増水時に地下室が浸水することは大いにありそうだ。

呑川は人を呑み込む川か？

昭和五三年（一九七八）、私は全国初の地名保存運動団体「地名を守る会」を立ち上げたが、その仲間の一人から突然、「大田区を流れる呑川とは〝人を呑み込む川〟のことですか？」と尋ねられた。

その直前に、この川が氾濫したことはニュースで知っていた。え、まさか、地元では「人を呑み込む川」説が流布しているのか。私はすぐに、「ノミとはノビの音転ですヨ。台地上を延々と延びて流れる川という意味です」と答えた。

呑川は世田谷区桜新町付近（または同区用賀付近とも）の湧水が水源で、目黒区西南部で九品仏川《くほんぶつ》を合流、延々約一五㎞も目黒台・荏原台《えばら》の上を流れて、大田区大森南五丁目で東京湾に注ぐ二級河川である。この川は本来、台地上の乏水地帯《ぼうすい》を流れる用水路だったが、一帯は戦前から都市化・宅地化が進み、川も暗渠化《あんきょ》されて、下水の排水路となっていた。

それでも流域面積が広い分、台風や集中豪雨により二、三年に一度は増水し、氾濫を繰り返していた。

大都市の地下はすべて危ない

都市水害といえば、実は川そのものよりもっと危ないケースがありうる。

東京都のハザードマップによれば、北区赤羽付近で荒川が決壊したと仮定すると、それ以南の隅田川沿いの下町から東京の中心部一帯は、やがてほとんど水浸しになるという。

私は今から四三年前、すでに廃刊になった『東京タイムズ』紙から、「何か社会ネタでうちの新聞に書かないか」と誘われた。私は当時、あちこちの大・中都市で〝雨後の筍〟のように造られ始めていた地下街をとり上げることにした。

新設されたばかりの新宿サブナードや、日本一の規模を誇っていた八重洲地下街ほかを取材した。記事は無署名で、同紙の昭和四九年（一九七四）一月一四日から一七日まで、四回連載された。

記事の主たる内容は、地下街における火災やガス爆発の懸念を指摘したもので、これは昭和四五年（一九七〇）四月の大阪・天六《てんろく》のガス爆発事故などを踏まえたものだった。

記事ではとりたてて強調しなかったが、当時から私が地下街で一番恐怖を覚えるのは水浸しになることだった。それはこの章の冒頭で書いたように、私の幼児期からの一種の〝強迫観念〟でもあった。

このときの私の危惧《きぐ》は、その後、平成二三年（二〇一一）八月の大阪・梅田地下街が水没した事例はじめ、次々と実証されている。

都市水害で忘れてはならないのは、地下街とともに地下鉄への危惧である。「水は低きに流れる」が自然の鉄則である以上、地下空間は水害の最大の弱点である。先に地下街の項目でも指摘しておいたが、戦後日本の近代的大都市では、高層ビル・地下街・地下鉄の三点セットが必須条件となった感がある。私は昭和三〇年代後半から四〇年代初めまで六年間、京都で学生生活を送ったが、卒業後に東京で社会人生活を始めたとたん、京都では地下鉄建設が始まっていた。

京都は、賀茂《かも》川ほか北山《きたやま》山地から流れ出る河川の複合扇状地上に築かれた町である。京都市街の地下には、豊富な地下水脈が湛《たた》えられている。京都の伝統文化である茶の湯や生け花などは、この清冽《せいれつ》な地下水なしでは成り立たなかった。

日本の大都市制度は、東京都のほか政令指定都市二〇があるが、その過半には公営・民営の地下鉄道路線がある。高層ビル・地下街は、政令指定都市以外の地方中都市でも、あるのがごく普通になった。

アメリカ・ニューヨークのマンハッタンは高層ビルが林立し〝摩天楼〟と形容された。マンハッタンはネイティブ・アメリカン語で「一枚岩」という意味だそうである。二〇〇一年九月一一日、あのアメリカ同時多発テロでマンハッタンの象徴でもあったツインタワー・ビルは、脆《もろ》くも倒壊した。

高層ビルは、地震ほかの要因が加われば、倒壊することもありうる。ただ、私にとって衝撃的だったのは、倒壊したビルの跡地に大きな穴が開いていたことだった。一枚岩の堅い岩盤であっても、人工の手が加われば廃墟になりうる。

まして〝災害列島〟の日本列島では、地表も地下も絶対に安全な場所など、ありえない。

地表であれば、状況しだいでは助かることもありうる。だが地下で土に埋まってしまえば、七二時間内に救助される可能性はごく小さくなる。

まして水責めに遭《あ》えば、助かる見通しはほとんどない。人類を含めた肺呼吸する動物は、ものの三分間も呼吸ができなければ、即生命を絶たれる。

地下鉄ははたして大丈夫か？

東京の地下鉄は、東京メトロ九路線（一九一・五㎞）、都営地下鉄四路線（一〇九㎞）が走っている。その路線のほとんどは、隅田川や神田川ほかの河川の下を通っている。世界の大都市の面積当たりの地下鉄の密度は計算していないが、東京はおそらく世界でも最上位にくるのではないか。

東京の地価は、世界で群を抜いて高い。地下を利用すれば、工事費が安くなることは間違いない。そして、日本の土木建築業界は、地中に穴を通すシールド工法を考案した。東京はじめ日本の大都市に地下鉄網がこれだけ発達したのは、この技術によるところが大きい。

その地下鉄の水害対策は、どうなっているのだろうか。東京メトロでは、道路から地下構内に入る入口に止水板、ホーム入口に防水扉を備えているが、今後さらに水深六ｍに対応する浸水防止機、そして地下路線の要所に防水ゲートを設置するという。

こうした設備は、通常の場合は有効だろう。しかし、東京直下型地震が発生したときに十分対応しきれるだろうか。

私は最近、国会図書館を利用するために東京メトロ有楽町線の池袋―永田町間はやむなく利用するが、その他の機会には、地下鉄にはなるべく乗らないようにしている。もっとも、有楽町線とても、江戸川橋―飯田橋―市ヶ谷間は、神田川沿いの地下を通り、外堀の下を潜っている。市ヶ谷駅近くの外堀には、水をたっぷり湛えた釣堀もある。

集中豪雨があったのと同じタイミングで東京直下型大地震が発生し、防水施設が機能しなかったとしたら、水責めになることは覚悟しなければならない。

隅田川堤防に潜む盲点

東京の下町一帯が水没する大水害を想定した場合、そのきっかけはまず二つが考えられる。一つは、北区赤羽付近（下流のどこでも起こりうるが）での破堤・溢水、そして直下型大地震で防潮ゲート・水門が破壊され、河水・海潮が陸に溢れた場合である。その場所にもよるが、これはもう〝東京壊滅〟の事態である。

隅田川の堤防にはもう一つ、〝盲点〟ともいうべき欠陥がある。それは堤防をまた

荒川（左）から隅田川を分離する岩淵水門

補強工事が進む京成本線隅田川鉄橋

ぐ橋、とくに鉄道橋の部分が周辺より一段と低くなっている点である。堤防の一カ所が低ければ、水はそこからどんどん溢れてしまう。

なぜ、こんな理不尽な事態になったのか。日本の河川管理は明治二六年の河川法制定以来、高水管理を基本としている。河床に堆積した砂を浚渫《しゅんせつ》して水位を低く保つ低水管理では、海潮がかなり上流まで遡り、農業用水に悪影響を及ぼす。それに、日本の河川は急流で、内水面航路がほとんど発達しなかったから、河床を浚渫する当面の必然性もなかった。

そこで洪水防止のためには、堤防を次々と高くしてゆくほかなかった。それに伴い鉄道線路と鉄橋を高くしようとすれば、橋脚もろとも全部改築するしかない。そうした工事を実際に行なうとなれば、数カ月間、鉄道運行を停止せざるをえない。だから結果的に、鉄道線路部分だけが凹型に低くなったままに放置されてきた。だが近年、東京周辺の鉄道橋の堤防は、どうやら改善されつつあるようだ（85ページ写真参照）。

国土交通省河川局は、全国の一級河川の堤防のかなりの部分を、いわゆるスーパー堤防に改築すると計画しているらしい。しかし、すでに報道されているように、このためには堤防内側の民家を一挙に移転させなければならない。膨大な経費と、気の遠くなるような年月を要する。

今の日本の土木建築技術なら、鉄道を停止させずに、既存の鉄橋の上に高い鉄橋を建設することも可能なのではないか。

河川敷の管理を抜本的に改めるべし

もう一つ指摘しておきたいのは、河川敷の管理は今のままでよいのか、ということである。TV各局の報道では、東京・神奈川の都県境を流れる多摩川の河川敷にあるホームレスの住宅（というより集落か）、無許可のゴルフ場や無断耕作する野菜畑の話題がしばしば登場する。

そもそも、許可されたのであっても、河川敷を運動場やゴルフ場として利用するのは、河川敷本来の趣旨とは異なるのではないか。かつて民主党政権下で、八ッ場《やんば》ダム建設中止が問題になったとき、群馬県から千葉県銚子市に至る利根川の河川敷ゴルフ場の数を数えてみた。たしか二〇カ所近くにのぼっていたが、それは河川敷本来の趣旨に反するのではないか。

許可された運動場・ゴルフ場が目の前にあれば、無許可で同様に利用しようとする人間が出るのも、人情というものだろう。

河川敷は、増水時の過剰な水を貯える空間であり、すみやかに水を下流に流すために存在すべきものである。いっそ、河川の平時の水位からせいぜい三〇cmほどの高さにとどめて、少しの増水でも水が流れるようにすればよい。

河川敷の中にまるで森林のように茂る樹木も、すべて伐採すべきである。生きた樹木であっても、水勢しだいでは根こそぎ流される。そうした流木は、下流の橋の橋脚にひっかかり、溢水・越水の原因となる。

ホームレス対策は、また別の問題である。少子化時代に入って、都心では廃校になる小学校が増えている。これら廃校をホームレスに開放し、殺人・傷害・放火などの重大刑事事件を監視する要員だけ配置すればよい。

河川敷は住民が自然に親しむ場だという反論に対しては、ならば「親水公園」だけに利用を制限すべき、と考える。

Ⅲ

『岸辺のアルバム』の悪夢

——昭和四九年九月、多摩川堤防決壊水害

八〇〇㎞離れた台風による豪雨

昭和四九年（一九七四）九月二日、四国に上陸し瀬戸内海から広島県に再上陸した台風一六号の影響で、関東地方では前日の九月一日から時間当たり一二〇㎜を超える猛烈な豪雨が降り続いた。このため各河川の流水量は急激に増し、東京近郊では多摩川・荒川の二河川に洪水警報が発令された。

うち荒川のほうは一日午後七時三〇分、増水が収まったため警報が解除されたが、多摩川のほうは増水が続き、一日午後一〇時過ぎ、狛江市猪方《いのかた》で堤防が約五〇ｍにわたって決壊し市街地が浸水しはじめた。

この年の台風は例年よりも北のマリアナ諸島より北方海域で発生し、そのまま小笠原諸島付近に北上するものが多かった。勢力がまだ発展途上の段階で日本列島に近づくから、雨量もその分だけ多くなった。

台風一六号は小笠原諸島近海で九六〇ｈPa（ヘクトパスカル）に達し、さらに北西に進んで東海沖では九五五ｈPaに達した。

この台風はその後、進路をさらに西寄りに変え、日本列島に上陸したのは東京から

昭和 49 年台風 16 号の進路

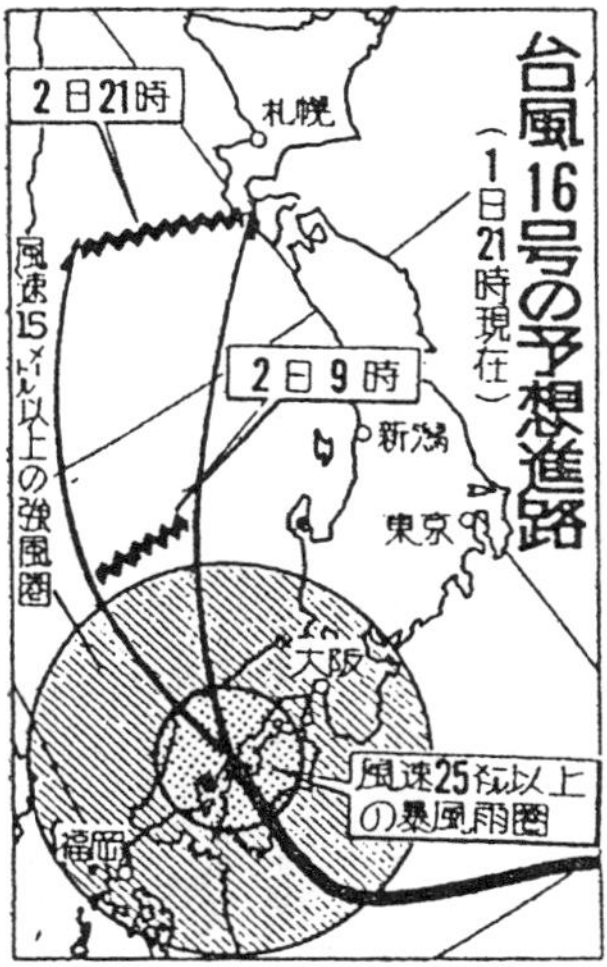

同紙 9 月 2 日号

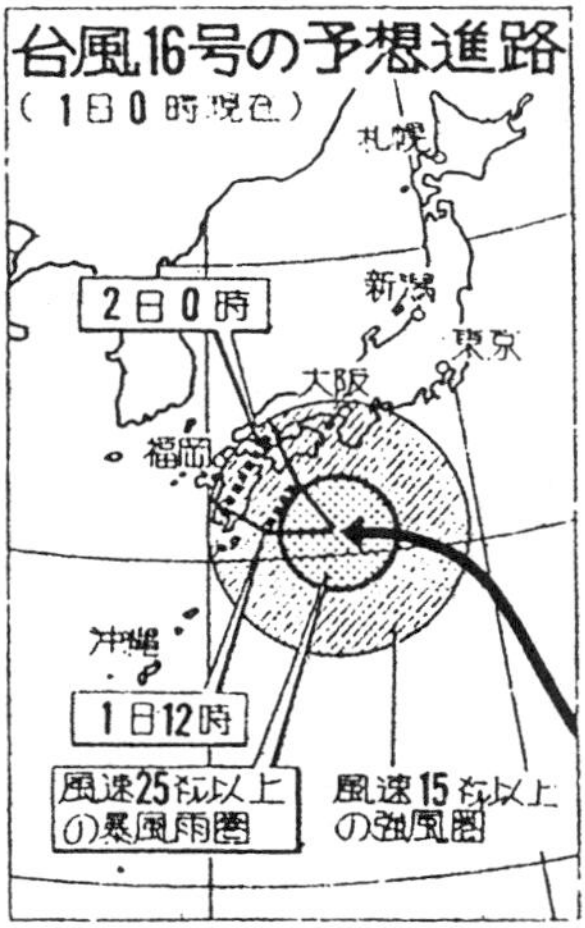

朝日新聞 9 月 1 日号

はるか八〇〇㎞も離れた四国・高知県であった。上陸直前の一日午後九時の時点では気圧九七五hPaとその勢力はかなり弱まっていた。

それなのに日本列島南岸沿いに前線が横たわり続け、湿った南東風が関東南部の山地に吹き付けた。三〇日深夜ごろから雨足が強まり、三一日夜には豪雨となったが、総雨量は奥多摩町氷川《ひかわ》で五二八㎜、同町の小河内《おごうち》ダムでは四九五㎜を記録している。

小河内ダムの放流が追い打ち

多摩川の上流、西多摩郡奥多摩町には昭和三二年（一九五七）、東京都の水道用・発電用の多目的ダムの小河内ダム（奥多摩湖）が完成していた。総貯水量一億八五四〇万㎥の巨大ダムだったが、三一日夜には貯水量の限界を超え、放流量は一日午後には平常時の三五倍もの毎秒七〇〇トンという量に達していた（「朝日新聞」同年九月二日号）。

多目的ダムという政策は、日本でも明治時代以降一部で見られたが、アメリカのTVA（テネシー川流域開発公社）の成功に触発されて、戦後本格的に採用された。T

VAは、アメリカ第三二代大統領F・ローズベルトが、世界大恐慌克服のために採ったニューディール政策の一環であった。川を寸断するこの政策は、だが本家アメリカでは近年、見直しの気運が高まっている。

多目的ダムの問題点を整理しておこう。まず第一に、ダムの堆砂の問題がある。ダムによって河流が堰《せ》きとめられると、ダム湖の底には上流から運ばれた土砂が堆積し続ける。やがて貯水可能量はだんだん小さくなり、やがてダム湖全体が砂原になってしまう。

もう一つの問題は、集中豪雨があった場合、ダムの貯水量を超えた分は放流しなければならない点である。集中豪雨で流水量が増しているのに、さらにダムからの放流分が加われば、下流の洪水の危険はますます大きくなる。

この多摩川決壊の三年前、日本ではすでにダム放流による洪水が発生していた。昭和四六年（一九七一）八月二九日、台風二三号による豪雨のため四国・徳島県の一級河川・那賀川の長安口《ながやすぐち》ダムで毎秒五五〇〇トン（計画放流量を一〇〇〇トン上回る）の放流を余儀なくされ、下流の那賀郡鷲敷《わじき》町（現・那賀町）で家屋が浸水する被害が発生した。被災住民は損害賠償とダム廃止を求め提訴したが、昭和六三年（一九八八）、徳島地裁では勝訴したものの、上級審の高松高裁で逆転敗訴となり、最高裁でも上告棄却とされている。

そんなさ中に、またまたダムによる放流水害事件が起きたわけである。だがこの狛江市の水害では、ダム放流の是非はさして話題にはならず、以下に述べるように建設省（当時）河川局の宿河原堰の管理に大きな瑕疵《かし》があったことが問題にされた。

二《に》ヶ領《りよう》用水宿河原堰とはどんな施設か

現・川崎市域には江戸時代、郡の下の中間区分称として、稲毛領と川崎領の二つの地域区分があった。この二つの区域の村はおよそ六〇村、水田は二〇〇〇町歩、二《に》ヶ領《りよう》用水の全長は三二kmに及ぶ。徳川家康が江戸に入府した直後の慶長年間（一五九六～一六一五）に代官・小泉次太夫が掘削したもので、多摩郡（のち橘樹《たちばな》郡）中之島村（現・川崎市多摩区）・宿河原村に堰を設置、取水した。

江戸期の堰は蛇籠《じやかご》（竹製の目籠にグリ石を詰めたもの）を並べた施設だったが、昭和二二年（一九四七）、神奈川県営の事業としてコンクリート製の堰に改築が計画され、昭和二四年に完成した。その翌年、神奈川県から川崎市に移管されている。

この昭和二四年完成の近代化された宿河原堰は、右岸（川崎市側）から鉄筋コンクリート造りの固定部が五〇m、五連放水ゲート三五m、魚道一二m、そして河流中に約二〇〇mの堰堤《えんてい》固定部が延びていた。

左岸の狛江市側は河流沿いに旧堤防を補強した小堤防、その奥に児童遊園地があり、さらに新設された本堤防が設置されていた。

不動産業の〝悪徳商法〟がここにも

戦後の高度経済成長期からバブル期、その崩壊の末、長い停滞期を迎えた今日まで、不動産業界はいわば〝悪徳商法〟の代表選手だった。一時は駅からの距離の表示が大問題になったが、その点に関しては規制が相当効いてきたらしい。

しかしごく最近も、高層マンションの基礎支柱に誤魔化しがあった。しかも財閥系大手不動産業者の販売で、やはり大手建設業者の施工、実際に杭打ちを請け負った下請け業者は大手化学会社の系列会社という。「日本もここまで落ちたか。中国を笑ってはおれないゾ」と嘆きたくなるような事態も発生している。

私はいわば〝半生を賭けて〟一銭にもならない地名保存運動に挺身してきたから、よく知っている。埼玉県東部の各市では、昨日まで湿田だった地に三〇㎝ばかり盛り土して「〜丘」などと名付けて分譲した例がいくつもあった。

昭和三九年から始まった住居表示制度が、そんな悪徳商法の背中を押した。業者が「なるべく早く、できるだけ高く売る」の商魂丸出しで命名した分譲住宅名という商品名を役所が追認して、正式の地名・町名として独り歩きし始める。世界広しといえども、まあ日本だけの〝珍現象〟だろう。架空のでっち上げ話ではない。第I章で取り上げた埼玉県越谷市せんげん台は、「〜丘」ではなく「〜台」で語尾は微妙に異なるが、まあ同じ手口だろう。

平成二七年九月の関東・東北豪雨で、埼玉県越谷市の東武鉄道せんげん台駅は水びたしになった。この駅の周辺には「せんげん台」名の住宅地が広がる。付近は江戸時代、いくつかの沼地が点在する地だったが、その沼の水を抜いて水田化するため排水用悪水路として新方川が掘削され、その部分称として「千間堀」の名があった。

その低湿地を嵩上げして昭和四〇年代に宅地が開発された。東武せんげん台駅の開業は昭和四二年（一九六七）四月だったが、ほぼ同時並行して住宅地も開発されたに違いない。

というよりむしろ、この周辺の宅地開発は陰に陽に東武鉄道が関与していた可能性が高い。なぜなら、日本の私鉄は新線・新駅敷設・開業の資金を、同時並行して進めている宅地開発によって調達してきた歴史があるからである（ＪＲとなった旧国鉄にも類似した事例がなきにしもあらず、とは、旧著『この駅名に問題あり』を執筆する段階で気づいていたが……）。

元は川中だった地を小田急が宅地開発

昭和四九年九月の多摩川決壊で流出した住宅地（少なくともその一部）は、狛江市を通過する小田急電鉄が分譲したものである。ここでも、東武鉄道せんげん台駅とその周辺の新興住宅地に共通する構図が見えてくる。

だが、私はこの手の話について、鉄道会社だけを一方的に非難しようとは思わない。法律を整備しようとしない国、インフラ整備を私鉄まかせにする行政のほうが、むしろ問題あり、と思うからである。

さらに言えば、私はいわゆる「戸建て持ち家政策」に反対だった。あれはいつだったか、与野党こぞって、「これからは勤労者の住宅供給は、戸建て優先とする」と合意し、勤労者の味方であるはずの総評までもそれに反対しなかった。

住むに足る住宅と基本的なインフラ整備は、国と地方自治体が責任を持って遂行すべきテーマである。

言っておくが、お隣り・中国の住宅政策を私はまったく評価しない。地方政府の幹部（実際は共産党の地方幹部）が見境もなしに自らの出世の足掛かりのために高層住宅を建てまくっている。日本も、似たようなものではないか。

こうして堤防は決壊した

昭和四九年九月一日の多摩川では、水流は宿河原堰を越えて溢れていたが、堰に

多摩川宿河原堰の決壊個所

A　（昭和 41 年）

B　（昭和 20 年部分修正）

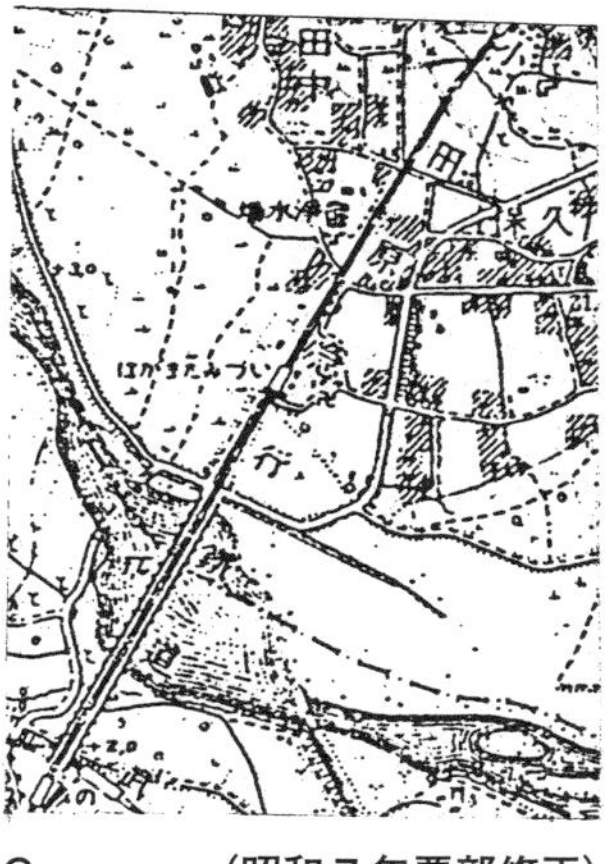

C　（昭和 7 年要部修正）

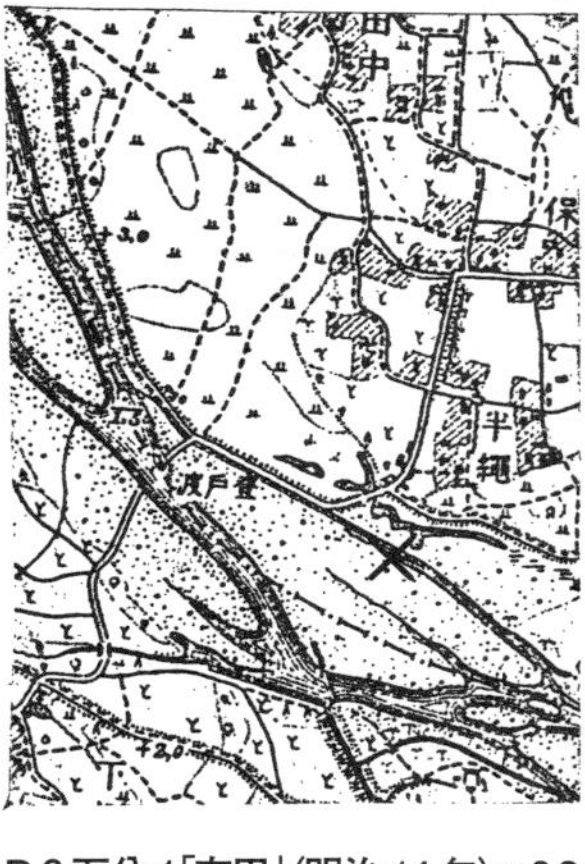

D 2 万分 1「布田」（明治 14 年）×0.8

A ～ C は 2 万 5000 分 1「溝口」　×印は決壊個所

遮《さえぎ》られて溢水できない水が堰に沿って左岸側に押し寄せ、その勢いで左岸の河川敷に残されていた旧堤防（小堤防と呼ばれていたらしい）が抉《えぐ》られて決壊し始めた、という経緯であった。

その水の勢いは小堤防だけでなく本堤防も直撃し、およそ五〇m分の本堤防ともども背後の新興住宅地も深く抉られて、計一九軒の住宅が流出してしまった。そして結局、狛江市域の四分の一が被災し、避難民は一万五千名にのぼった。

市役所・消防に加え警視庁機動隊・自衛隊も出動して懸命の復旧作業が続けられたが、溢水は容易に収まる気配がなかった。堤防近くの民家が次々と基礎部分から波浪に抉り取られて一軒また一軒と波間に没するという事態が続いた。

そこで市対策本部は、都知事に対し自衛隊の手で堰を爆破する措置を要請、第一師団第一施設大隊が出動し、爆破作業が二日午後一一時過ぎから行なわれた。ところが堰の構造が意外に強力で、爆破の効果はなかなか上がらなかった。

九月四日午後八時過ぎ、合計一三回目の爆破作業でようやく幅約一三m、深さ同二mの開口部ができ、毎秒五〇トンの水が流出し始めたのであった。

損害賠償は国に請求

この水害の被災者・住民は、国（当時の建設省河川局）に対し国家損害賠償訴訟を起こし、河川管理責任が問われることになる。だが、これまで見てきたように実際は堰の管理権は川崎市にあったが、隣り同士の自治体で賠償請求を行なうのを憚《はばか》る気分もあったらしい。国を相手にするのは、いわば〝お門違い〟ではあったが、国相手なら何の遠慮も要らず確実に補償金を受け取れるという〝計算〟もあったようだ。

裁判の結末は、第一審・東京地裁は原告（住民側）勝訴、第二審（東京高裁）は逆転し原告敗訴となったが、上告審の最高裁では平成四年（一九九二）一二月一七日、高裁判決を破棄、差し戻しとした。そして、東京高裁の再審は同年一二月一七日、国の賠償金支払いを認定する原告勝訴の判決を下した。

これを受けて、宿河原堰の改良工事が施工され、平成一一年三月二七日、可動堰化された新堰が完成し、決壊現場の狛江市猪方に「多摩川決壊の碑」が建てられている。

昭和四〇年代、私は多摩川右岸の川崎市側の運動公園に一、二度足を運び、同市多摩区生田に住んでいた友人宅を数度訪れていた。そのときの記憶では、南武線沿線はどんどん都市化・宅地化が進んでおり、水田が占める比率はごく低くなっていたと思われる。

日本では、一度造った施設は、よほどのことがない限り撤去されることはない。それは、長崎県諫早《いさはや》湾の締め切り堤防も同じ構図である。

さらに、もう〝安上がり〟な電源ではなくなったはずの原発が、これからも延々と生き延びるらしい事実が見事に証明している。施設と書いたが、むしろその施設に絡まるもろもろの権益・利権が、延命を自己主張しているのだろう。

二万分一「仮製図」と「迅速図」のこと

この水害の三年後の昭和五二年（一九七七）六月二四日から、TBSテレビの連続ドラマ「岸辺のアルバム」（山田太一作）が一五回にわたって放映された。

私は、NHKであれ民放局であれ、ドラマ番組はほとんど見ない。ただし、この「岸辺のアルバム」は何度か見た記憶がある。主演の八千草薫の表情が目に焼き付いているからだ。またこのドラマは平凡な中流家庭の崩壊を多摩川の堤防決壊に重ね合わせたストーリーと、平穏に流れている川が突然濁流となって家屋を次々に飲み込んでゆくオープニングの映像も評判になった。

ちなみにこの「岸辺のアルバム」は放映時はそれほど高い視聴率ではなかったが、放映後次第に評価が高まり、今ではテレビドラマ史に残る不朽の名作とされている。

そのドラマの放映後数年たって、当時はやりのカルチャーセンターの一つだったNHK文化センターから一回きりの講演依頼を受けた。「一回きり」というのは、同センターから数回分の依頼を受けた関西在住の先輩地名研究者が、「災害地名がテーマなら君のほうが適任だ」と、その回だけ講師を私に再依頼してきたからであった。

私はそこで、冒頭にこの多摩川決壊水害を取り上げた。私は、水害発生当時から気づいていたが、この水害の本質は単に一つの堰が存在したことの是非だけではすまされない問題をはらんでいる、と直感していた。

私が東京に出てきたのは昭和四一年だったが、その当初から明治一〇年代測量の「二万分一迅速図」というものがあることを知らされた。大学在学中は、同時期の関西版として「仮製図」というものがあり、その実物は「地図作図学実習」講義で何枚か見せられていた。

関東の「迅速図」はそれと対応するものだが、戦後すぐに廃棄されるはずだったのに、どこかの測量会社の関係者が一揃い所持しており、国土地理院との版権関係はどうなっていたのか知らないが、「古地図」の扱いで複製品を売っていた。

村単位の細かな地形は、五万分一図では地形描写が大雑把にすぎて読み取れない。ところが、二万五千分一図は戦前段階では大都市周辺などごく限られた地域しか刊行されていない。その点、明治前期の二万分一図は、当時の細かな地形を知りたいときには至極便利だった。

なお、今では明治二〇〜四〇年代の正式二万分一図が一揃いどこかで見つかったらしく、柏書房刊で複製されている（国会図書館地図室の開架棚に収蔵されており、誰でも自由に閲覧し、書式を揃えれば複写も可能）。

一〇〇年前の現場は河道のど真ん中

「迅速図」は等高線の未記入の地形図だったが、地形は十分読み取れた。関東平野の集落は、ほぼすべて自然堤防など微高地に立地していたから、集落がある所と一面の水田記号の場所とはおのずから高低差が判別できた。

そこで、「武蔵国北多摩郡狛江村」周辺図を入手し、開いてみると、一目瞭然だった。この狛江付近の多摩川は川幅いっぱいに分流・合流を繰り返し、見事な「網目状流路」をなしているではないか。そして昭和四九年の決壊個所は、何とその網目状流路のほぼ真ん中あたりになるのである（99ページ地図参照）。

「水は低きに流れる」というのは、自然界の絶対的摂理である。昭和四九年九月一日、多摩川の水は堰があろうとなかろうと、一〇〇年前の流路通りに一cmでも低いほうへ、低いほうへと流れたはずである。

多摩川中流域は網目状流路だった

幼少時、小川でドジョウやコブナを掬《すく》ったり、トンボやチョウを追いかけた道具をタモアミといった。網を呼ぶ語は本来、タマだったはず（小学館『日本国語大辞典』のタマの項の⑨）。同辞典の語源説の項には一二名ばかりの諸家の説が紹介されているが、私にはそのどれも釈然としない。

網はまだ細い植物性繊維が得られない時代、竹ヒゴとか蔓《つる》性植物を撓《たわ》めて編んだものだったのだろう。タマとは「撓める」という動詞と関係するはずである。ついでに先の『日本国語大辞典』の⑩には「綱をいう」とある。ツナ（綱）もまた、繊維を撓めて捩《よじ》る作業で作られるものである。

東京・神奈川の都県境を流れる多摩川の名について、江戸時代から今日までさまざまな説が唱えられてきた。上流の「山梨県側にある丹波山《たばやま》村の名が転じた」（バ行とマ行の同段通音）とするのはまともなほうで、歴史学の某大家は「府中市にある大国《おおくに》魂《たま》神社の名から」などと言うが、時間的に見て多摩川の名よりも大国魂神社が先行したとはとても言い切れない。

前述したように、多摩川は中流部において分流・合流を繰り返し、曲流・蛇行の激しい川である。その曲流・蛇行する川筋を「撓める」と表現したのではないか。武蔵国南部の多摩川よりも早く、同国北部には埼玉郡・埼玉郷の名があった。これは「先に開けたタマの地」のことではないか。

このちに県名にもなった古代の郡・郷名は、現在の行田《ぎょうだ》市埼玉《さきたま》が原点である。この地は古く荒川が流れていたが、その荒川は江戸初期の寛永六年（一六二九）、関東郡代・伊奈忠治《いなただはる》による瀬替え工事により現・熊谷市西郊で南に曲げられ、入間川支流の和田吉野川の流路に繋げられたもの。それ以前の荒川は熊谷から行田にかけて広がる扇状地（熊谷扇状地という）を分流・合流しながら乱流していた。

古代の早い時期に、その低湿地を開拓し美田に変えたのが国造《くにのみやつこ》・笠原直使主《かさはらのあたいおみ》の一族で、彼らの墓所が埼玉古墳群だったのだろう。笠原とは、カ（上）サ（方向）ハラ（原）の意で、開発すべき低湿地よりやや小高い地に居を構えたことを示している。

狛江・駒井のコマとは何のこと？

狛江市の市名のほか同市には駒井の地名もあるが、コマとは何のことか。漢字は

「高麗」の二字を当てるが、実はこの「高麗」は西暦九一八年から一三九二年まで朝鮮半島を治めた高麗《こうらい》国のことではない。

日本の文献で「高麗」の名が初めて使われるのは『日本書紀』神功皇后摂政前紀で、その記事が書かれた時代には朝鮮半島にはまだ「高麗」という名の国はない。

この「高麗」は、紀元前から西暦六六八年まで朝鮮半島北部から中国東北地方（旧満州）を版図とした高句麗国にほかならない。「高句麗」の三文字では「好字二字」で書き表す古代日本の地名表記の習慣に合わないから、「高麗」の二文字に略したものであろう。

ただし、「高麗」の二文字をコマと読むのが、私にはどうしても理解できない。高句麗国をつくったのは狛族で、「狛」の字を朝鮮の方言でコマと読むから（『東雅』）などという説明ではとても納得できない。

私は、コマは和語（日本語）である、と信じる。われわれの言葉では、「回転する車輪」をコマといい、「回転する玩具」のことをコマ（独楽）と呼ぶ。

さらに将棋の駒は、上部の二等辺三角形の下に台形が付いた形をしている。この駒は上下を逆にして三角形の頂点を軸にして回せば、よく回転する。玩具の独楽も芯軸を抜いた形は基本的に将棋の駒と相似形である。琴や三味線などの伝統和楽器の弦と胴の間に挟む小部分をコマ（駒）ともいうが、これも将棋の駒と相似形である。

東京・浅草にある駒形堂《こまかた》は、どの方角から見ても将棋の駒と同じ形をしている。駒ヶ岳という山名は二万五千分一地形図記載のものだけで全国に一七カ所を数えるが、これらも駒形堂と同じく上（山頂）が尖って山腹は左右対称になっており、これも将棋の駒と相似形である。

山名について追加しておけば、木曽駒ヶ岳の北に随伴する山に将棊頭山《しょうぎがしら》（標高二七三〇m）がある。山形県・新潟県には駒形岳も各一カ所あるから、駒形岳のコマガタタケが詰まってコマガタケとなったものかもしれない。

ということは、地名のコマも同じではないか。狛江市のコマについては、古代に高句麗人が入植したという記録はいっさいない。ただ、『続日本紀《しょくにほんぎ》』霊亀二年（七一六）五月条に「駿河以下東国七カ国の高麗人一七九九人を遷して初めて高麗郡を置く」とある記事から推測して、この「狛江」も同じく高麗人の居住地だったらしい、というにすぎない。もし「狛江」の「狛」が朝鮮語起源と仮定した場合、「江」のほうはどう解釈するのか。

なお、『続日本紀』がいう「高麗人」とは、高句麗国からそんなに多数の渡来人が来たという記録はないから、新羅《しらぎ》によって滅亡させられた百済《くだら》から亡命してきた百済人に対し、朝鮮半島を指す代名詞の「高麗」で表現したものだろう。

コマは「回転した地形」を表わした日本語

古代の郡・郷名では、武蔵国高麗郡・郷、甲斐国巨麻郡、山城国相楽郡大狛郷・下狛郷がある。コマ地名の一例として神奈川県大磯町高麗の地形図を次ページに掲げるが、改修前の花水川《はなみず》が東の平塚市側に大きく曲流する様子が読み取れる。

この大磯町高麗の西方の淘綾《ゆるぎ》丘陵の一峰に高麗山（標高一六八m）があり、金達寿《キムダルス》『日本の中の朝鮮文化』はそのことにかこつけて、「大磯とは古代朝鮮語で『さあ、いらっしゃい（オソオセヨ）』という意味で、渡来人たちの上陸地点で彼らを歓迎した証拠」などとあらぬ虚説を振り撒《ま》いている。

大磯町高麗も花水川が曲流する地

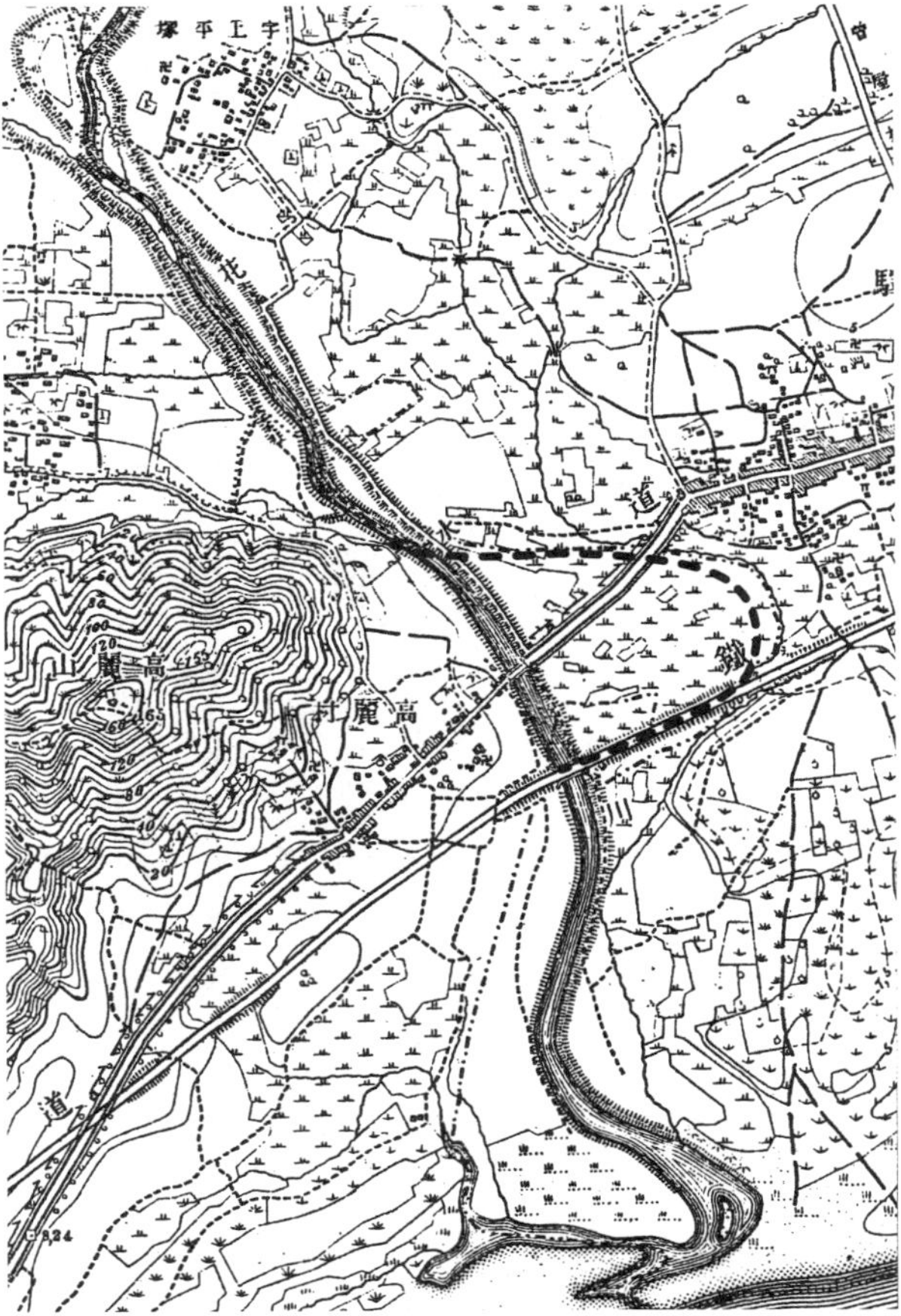

2万分1「大磯駅」（明治20年）

言っておくが、古代朝鮮語などというものは、ほとんど日本の古文献にしか残っていない。金達寿のいう古代朝鮮語とは、現代の韓国（朝鮮）語をそのまま使って古代仕立てにして当てはめているにすぎない。

他のコマ地名にも同様の共通点がある。甲斐《かい》国巨麻郡の真衣郷《まきぬ》については、マキヌとはマキ（巻）ヌ（野の東国方言）を異分析したもので、今も山梨県北杜《ほくと》市武川町には「牧原」の地名が残り、この地を囲むように釜無川が曲流している。巨麻の郡名（のち巨摩と表記し、明治以降、南・北二郡に分かれる）は、この真衣郷から出たものと見てよい。

狛江・駒井は災害を物語る地名だった

話を多摩川沿岸の狛江市に戻す。

私は今から二十数年前、狛江市の実業家連の親睦団体（ロータリークラブだったたか、ライオンズクラブだったたか）の昼食会の茶話で地名の話をしてくれ、と頼まれて小一時間ほど話したことがあった。

そこで開口一番、「皆さんはこの狛江の地名について、古代に高麗人が渡来して住みついた所と信じているのでしょうが、古代史について細かく詮索する、あの吉田東伍『大日本地名辞書』は、渡来人云々の件は一言も書いていません。狛江は回転・曲流する川のことです。それを冷厳にも証明したのが、昭和四九年の多摩川決壊だったのです」と話した。

メンバーの昼食も終わり、私の話とは無関係な実務的議題に変わったので、幹事に挨拶をして暇《いとま》を告げ退席しかけると、長老格かと思われる老人が追いかけてきた。曰く、「先生、さっきの話はほんとうですか」と言う。「嘘は言いませんよ。吉田東伍の辞典は市立図書館にあるはずですから、ご自分の目で確認してください」と答えて別れた。

当時、金達寿の『日本の中の朝鮮文化』は講談社から連続刊行中で、「渡来人史観」が全国に蔓延する勢いにあった。私は、戦前の日本が朝鮮半島に進出したのはどう考えても無茶で、大失敗だった、と思う。だが、金達寿の独善的地名論や近年の韓国で横行している〝ウリジナル史観〟なるものは、いかがなものか。

狛江はその語尾の「江」から見ても「曲流する川」以外の何物でもありえない。駒井の「井」や猪方の「猪」の𠂤とは、各地の方言用例から見て古くは「川、水のある所。水場」という語だったろう。すなわち、駒井とは「曲流する川」であり、猪方は「川のあるほう」という地名である。まさに、多摩川の決壊個所は古来、河水によって浸食され、曲流・蛇行する地点を表現していたわけである。

各地のコマ地名に注意すべし

先に述べた「高麗」・「巨麻（巨摩）」・「駒」・「狛」などの用字例のほか、コマ地名はまだまだある。山梨県北杜《ほくと》市の古代の郷名「真衣」が「牧野」に変身していたように、一見何の関係もなさそうな地名の中にも、異分析で姿を変えたものもありうる。

愛知県小牧《こまき》市の小牧山のような山名の場合は、災害の危険は大きくないだろうが、各地の小松《こまつ》川・小又《こまた》川なども、本来は「曲流・蛇行する川」であり、ときに「暴れまわる困った川」だったりするかもしれないではないか。

日本列島は、太陽の光と水と緑に溢れている。地球上でも最も住みやすい恵まれた島国であるかもしれない。だが油断すると、時と場合によっては水はわれわれの生命・財産を奪う凶器にもなりうるのである。

川と河川敷には、無用な物はいっさい造らないことである。そして、河川敷はこれまでより一m以上掘り下げて水面に近くし、流水量が増せば河川敷も含めた川幅いっぱいに河流が広がるようにすべきである。

各局のTV番組では、河川敷に無許可でゴルフ場を造ったり、ホームレスが住居を構築したり、畑を無断で作っていたりする情景が映し出される。河川敷というものは、元来は河川の一部で、そこに構造物を持ち込むなどもってのほか、である。草はともかく、樹木はすべて伐採されるべきである。

生木であれ、材木であれ、木材は河流の邪魔になる可能性大である。堰だけでなく、川の流れの邪魔になるものはすべて排除すべし。

Ⅳ

古代都宮の周辺は〝水浸し〟の地だった

――京阪神には畿内の大半の水が集中する

古代の畿内を水理学的に考察すると……

古代の方面別行政区画は五畿七道というが、五畿内のほとんどの水は淀《よど》川を経由して大阪湾（当時は「茅渟《ちぬ》の海」と呼んだ）に注いでいた。五畿のうち、和泉《いずみ》国の中小河川、摂津《せっつ》国西部の猪名《いながわ》川・武庫《むこ》川とそれ以西の中小河川は直接、大阪湾に注いだ。

五畿だけでなく、東海道伊賀《いが》国も木津《きづ》川経由で、東山道近江《おうみ》国の各河川も琵琶湖・瀬田《せた》川・宇治《うじ》川経由で、山陰道丹波《たんば》国の南半部を流れる大堰《おおい》（大井）川も桂《かつら》川と名を変えたあと、それぞれ淀川に合流する。

つまり、現在の近畿地方のおよそ半分の面積の水が、京都・大阪府境に近い三川合流《さんせんごうりゅう》点付近で淀川に集まり、大阪湾に注いでいるわけだ。

三川合流点の手前には延暦《えんりゃく》三年（七八四）、長岡《ながおか》京が造営されたが、わずか一〇年で平安京に移転した。その原因はいくつかの説が取り沙汰されているが、洪水のため、やむなく放棄されたという説が有力だろう。

大和《やまと》国を流れる大和川は当初、大和国の支流を集めて亀《かめ》ノ瀬《せ》から河内《かわち》国に流れ、八尾《やお》市から北方にいく筋かに分岐して深野《ふこうの》池・茨田《まった》池を経由して淀川へ注いでいた。江

上代の畿内

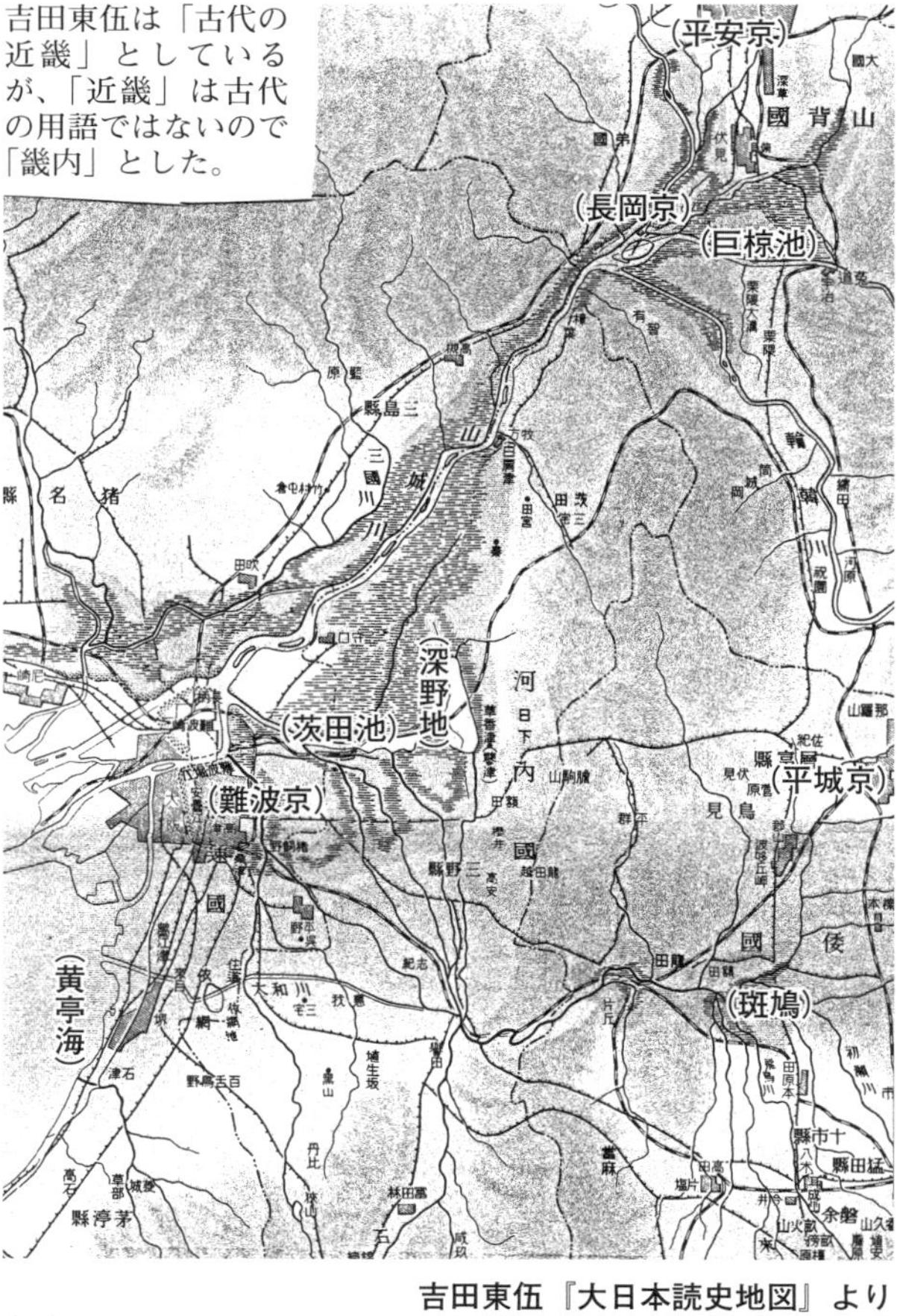

吉田東伍は「古代の近畿」としているが、「近畿」は古代の用語ではないので「畿内」とした。

吉田東伍『大日本読史地図』より

（　）内地名は著者が補入

戸中期の宝永元年（一七〇四）八尾から西へ新流路を開削、西流して大阪湾に注ぐ瀬替え工事を行なった。

こうした淀川水系のほか、摂津国西部では、猪名《いな》川・武庫《むこ》川（源流は丹波国多紀郡）と、六甲山地から住吉《すみよし》川・湊《みなと》川などが大阪湾に注ぐ。

大阪湾の古称・茅渟の海とは、これら各河川が湾岸に形成した潟湖《せきこ》（ラグーン）や低湿地をチ（千＝「たくさん」）・ヌ（沼）と呼んだものであろう。

琵琶湖と巨椋《おぐら》池の果たした役割

淀川水系の一つの特徴は、流域の各盆地・平野ごとに広大な遊水池や湿地が広がっていたことである。

まず、琵琶湖の面積は約六七二㎢でもちろん日本一だが、これは近江国（現・滋賀県）の約一七％を占める。よく、「畿内の水がめ」とか「京阪神の貯水池」とか呼ばれるが、神戸市には給水されていない。だが、阪神間の一部都市には淀川を通じてその水が供給されている。

琵琶湖沿岸にはかつて、「内湖《ないこ》」と呼ばれた付属湖が数多くあった。だが、第二次世界大戦中の食糧増産政策によって、ほとんど干拓されて水田化し、現在では工場・流通施設や住宅が建ち、都市化が進んでいる。

琵琶湖から流れ出た宇治川と三重県伊賀地方を源流域とする木津川が合流する地点には、かつて巨椋《おぐら》池があった。ここは山城（京都）盆地の最底部（標高約一一m）で、宇治川・木津川・桂川・鴨川ほか山城国の全河川にとっての遊水池であり、平城京（奈良）・平安京（京都）へ物資を運ぶ内航水運の拠点でもあった。

織豊期の文禄三年（一五九四）、豊臣秀吉の伏見城築城に伴い、槇島堤《まきしまづつみ》を築いて宇治川を大きく東から北に回して巨椋池から分離、伏見城の外堀とした。

この槇島堤の上の、かつての巨椋池の東岸に当たる地に宇治市小倉《おぐら》があるが、この名は早く平安前期の『延喜式』神名帳の久世郡二四座中に「巨椋神社」の名があり、平安後期には藤原北家《ほっけ》領の巨倉荘が成立していたらしい。この池名・神社名・荘園名・村名のどれが先か、にわかには断定できない。

いずれにせよ、オオ（大、巨）クラ（抉）で、「（水流によって）大きく抉《えぐ》られた所」

という意味である。この巨椋池は昭和八年（一九三三）から同一六年（一九四一）に本格的な干拓工事が行なわれ、六三四haの新田に姿を変えた。

巨椋池一帯は盆地底で遊水池だったから、近世には二〇回以上も氾濫している。昭和の干拓以降も、昭和二八年（一九五三）台風一三号による豪雨で増水した宇治川が破堤、旧・巨椋池一帯が冠水した。

宇治川の中流、京都府側に昭和三九年（一九六四）にアーチ式の天ケ瀬《あませ》ダム、同四五年（一九七〇）には支流・寒谷《さぶたに》川にロックフィル式の喜撰山《きせんやま》揚水ダムが建設されて洪水の危険は減少したが、一方、その後も宅地化・都市化の勢いはやまず、現在は大規模な住宅団地も造られている。

斑鳩《いかるが》の地名と大和川の亀《かめ》ノ瀬《せ》

大和国の国中《くになか》（現・奈良盆地）周辺の水を集めた大和川は、生駒《いこま》山地と金剛《こんごう》山地の間の亀《かめ》ノ瀬《せ》の急流を一気に流れ下る。

生駒山地・金剛山地はともに西の大阪平野側が急傾斜で東の奈良盆地側が比較的な

断層が集中する亀ノ瀬付近

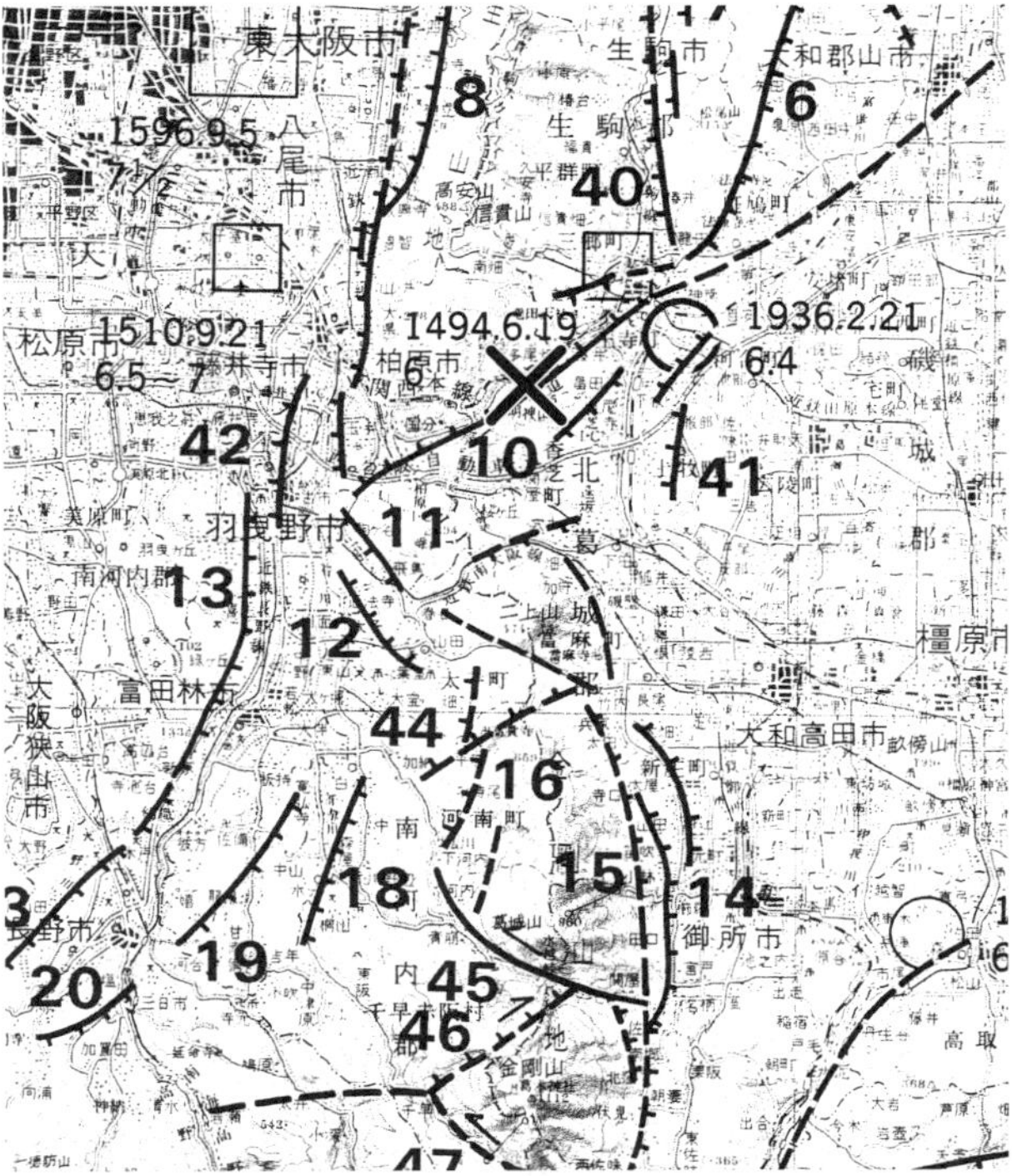

×：亀ノ瀬　　　『新編日本の活断層』（東大出版会、1991 年）

だらかな傾動《けいどう》地塊で、この二つの山地の間を北東から南西に大和川断層帯（前ページ地図⑩）が走っている。亀ノ瀬はその断層帯の真上に位置し、地盤が緩い。

この亀ノ瀬付近の断層で、明応三年（一四九四）と昭和一一年（一九三六）にM6クラスの地震が起きている。だから亀ノ瀬付近では、北から南にずれる地滑りが起きやすい地滑り常襲地になっているのである。

昭和六年（一九三一）末、ここで発生した地滑りは鉄道（現・JR関西本線）と国道を押し流し、川の流路を塞《せ》き止めた。亀ノ瀬という地名について、「川中に亀の背中のように盛り上がった岩があった」などと説明されているが、動詞カム（噛）に由来する浸食系の地名であろう。

この用法は今でも「砂を噛む白球」とか、「岩を噛む激流」などとよく使われる。

亀ノ瀬では翌昭和七年早々から、当時の政府は全国の土木技術者を総動員して、復旧に努めた。まず泥に埋もれた旧河道の南側に新河道を掘削し、鉄道線路を北岸から南岸に移設した。

塞き止められた水が天然のダム湖となって、奈良県側の水田が冠水する恐れが出て

地滑り前の亀瀬付近

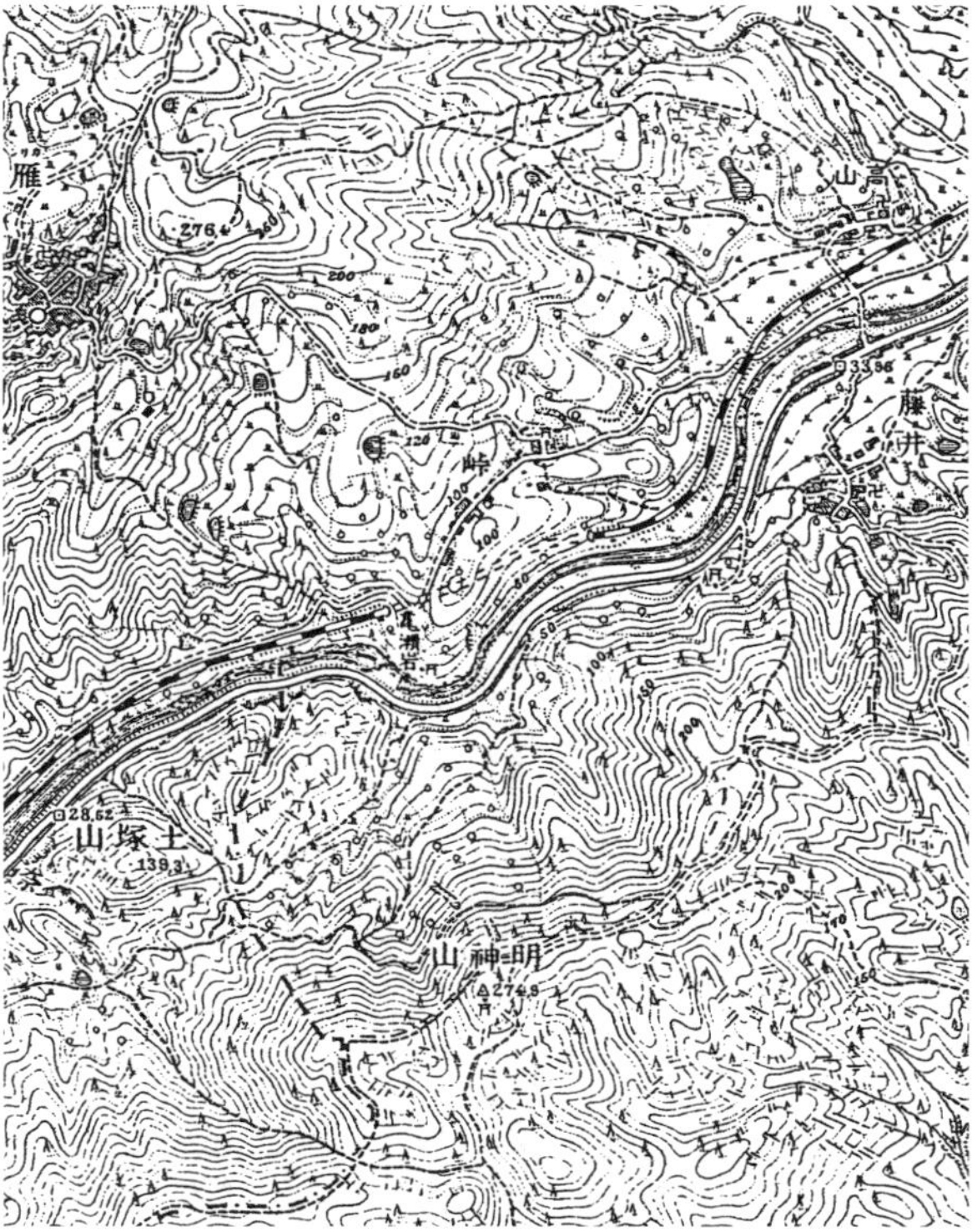

2万分1「古市」(明治44年) × 0.8
大和川北岸を通っている関西本線は災害後南岸に付け変えられた

きたのである。春の田植え時期が迫っていたから、急ピッチで工事は進められた。法隆寺で知られる「斑鳩《いかるが》」の地名は『日本書紀』用明《ようめい》紀元年に出てくるが、郡・郷名にはなっていない。

この斑鳩の地名の名義については、アトリ科のイカルとか、いやハト科ジュズカケ、スズメ科マメマワシだとか、いずれも小鳥の名を挙げ、「うるさく、怒ったように聞こえる小鳥の鳴き声から出た地名」とするのが通説になっている。

小鳥の声から地名が成立するのなら、近年あちこちの都市に群棲するムクドリの名が地名化してもよいはず。だが、うるさいだけで糞害をまき散らす害鳥の名など、古代人も現代人も、地名に使おうなどとは思いもしないだろう。

斑鳩の地名について、私は「(天然自然が)怒《いか》る地」と見る。古代にも何度も亀ノ瀬で地滑りがあり、貯められた水によって斑鳩付近まで冠水したのだ、とすれば、この地名はよく理解できる。

厩戸皇子《うまやどのみこ》が斑鳩に宮を建て、法隆寺の大伽藍を建立したのも、ひとえに洪水の犠牲者を悼《いた》み、被災地の復旧を願ってのことだったから、ではないか。

奈良盆地から流れ下る大和川の大湿地

その大和川は江戸中期まで、亀ノ瀬から大阪平野に落下してからしばらく北西流し、柏原《かしわら》市付近で石川を合流したのち、北に流れを変えていた。江戸中期の宝永元年（一七〇四）、八尾市から西に現在の大阪・堺市境の大阪湾岸まで、大和川を直流させる瀬替え工事が完了した。

それまで、大和川の本流はいく筋にも分流して北西流し、現・東大阪市と大東市付近に広がっていた深野《ふこうの》池からさらに下流の茨田《まんだ》池（マッタとも）を経て、北の淀川から分流した寝屋川と合流、上町台地北端の現・大阪市中央区京橋の下手で旧淀川（大川）に流出していた。

茨田とは河内国の郡・郷名で、『和名抄』には「万牟田《まむた》」と訓注している。ムタは九州に多い地名用語で、東国の地名ニタや料理用語に残るヌタに通じ、湿地を示す地名用語の一つであろう。

なお、深野池・茨田池は、『日本書紀』神武天皇即位前紀の東征の条に「（天皇軍が難波より）河内国草香邑《くさかむら》の青雲の白肩之津《しらかたのつ》」に至り、孔舎衙《くさか》坂で長髄彦《ながすねひこ》軍の迎え撃ちに遭い、はるか紀伊の熊野に迂回して大和国に入った、と記すから、河内国の中央部には大きな潮入りの潟湖《せきこ》（ラグーン）があった、と想定できる。

私は京都で学生生活を送っていた昭和三〇年代後半、京阪電車に乗って何度か大阪に行った。今は沿線に一面、住宅地が建て込んでいるが、今から半世紀前、寝屋川《ねやがわ》—門真《かどま》間の線路脇にはまだ水田が広がっていた。水田というより正しくはハスが茂《しげ》る田で、大阪の近郊でこんなにハスを作っているのか、と驚かされた記憶がある。

継体《けいたい》天皇はなぜ樟葉《くずは》宮で即位したか

第二六代天皇・継体天皇は、前代の武烈《ぶれつ》天皇に後継皇子がなく、越前国三国《みくに》の坂中《さかなか》井《い》で生まれた男大迹王《おとどおう》が近江を経て河内に入り、樟葉《くずは》の宮で即位した、という。仁徳《にんとく》王朝から継体王朝への交替説も、学者の間にはある。

「越前の三国の坂中井」の「三国」とは、現・福井県坂井市三国町が遺称地で、「坂中井」は国郡制制定で「坂井」郡となった。福井平野を潤す九頭竜《くずりゅう》川河口に、三国湊がある。地名に使われるヰは、実は掘り井戸ではなく、「水場」、「川の流れる所」

の場合が多いから、この「坂中井」は「逆流する川（の中）」といった意味の地名だったろう。

九頭竜川は名だたる暴れ川で、日本海は潮汐《ちょうせき》差の小さい海だから、三国湊だけに開口する河口からなかなか排出されない。そこで、河口近くに滞留した大量の河水が、まだ潟湖だった福井平野部分に逆流し、底に堆積した土砂が潟湖を美田に変えていった。

その徐々に陸地化していった潟湖→平野を美田にしたのが、男大迹王であったろう。そこで彼は、畿内に入ると、郷里に似た光景を求めて淀川の下流に向かい、河内の樟葉にたどり着いた。樟葉はクズ・ハと読むが、「崩れ場」に対する借訓表記である。

私の苗字の「楠原」はそれまで「新家」姓だったのを、二六〇年ほど前、本家「塩田」家ともども山崩れ災害に遭い、一人生き残った先祖が塩田家分も合わせて相続し、海沿いの地に新宅を購入して「楠原」と改名したもの。改名した理由は、「元の屋敷地は〝崩れ原〟だ。絶対に戻るな」という子孫に残したメッセージだったはず。

学生時代、枚方市《ひらかた》楠葉は、京阪電車に乗って何度か通った。そのときは、「原と葉の一字違いか……」程度しか考えなかったが……。

あの楠葉あたりの地形から判断すると、大阪・京都府境の三川合流点を過ぎた淀川は、増水時、まず北岸を旋回しながら穿《うが》ち、その反動で南岸に押し寄せ楠葉付近の堤防（当時はまだ自然堤防か）を破壊したのだろう。水が引いた後、付近は継体天皇が幼時に目にした郷里そっくりの風景が広がっていただろう。

ついでに指摘しておくと、高槻《たかつき》市三島江《みしまえ》あたりも、継体天皇とゆかりが深い。高槻市郡家新町にある今城塚《いまきづか》古墳は全長約一九〇m、後円部約一四〇m、後期の前方後円墳としては最大級のものである。継体天皇陵は茨木《いばらき》市の太田茶臼山《おおたちゃうすやま》古墳が指定されているが、これは誤りで今城塚古墳に直すべき、との意見が根強い。

高槻市三島江あたり、高槻・茨木・摂津《せっつ》三市の市境が交わるあたりは、大化の改新前から三島県主《あがたぬし》の本拠地であった。のち国郡制施行によってシマガミ・シマシモ二郡に分けられたが、ミ・シマとは「水《み》・州《しま》」の意である。潟湖がつくった低平な低湿地で育った継体天皇の墓所としてはふさわしい地だったろう。

ここを流れる淀川支流の三国川《みくに》も、越前と同じく「水国」の意にほかならない。

難波は「傾いて水に濡れる地」

先の『日本書紀』神武即位前紀の東征紀では、春二月の一一日、舳艫《じくろ》を接して難波碕に到ると「奔《はや》き潮有りてはなはだ急《はや》きに会ひぬ。因りて名づけて浪速国とす。また浪花といふ。今、難波と謂ふは訛《なま》れるなり」と記す。

春二月といえば、春の大潮の季節だから、通常の潮汐運動のうちだったかもしれない。だが訛ったのだとされる「難波」の二字からはナバエルという自動詞が浮かび上がってくる。『日本国語大辞典』を引くと、ナバエルは各地の方言で、①斜めにする。⑤水が溢れる。――とある。

「地面が斜めになって、水が溢れる」という状況は、まさに津波が襲う光景に重なる。

愛媛県松山市上難波・下難波、岐阜県大垣市難波野町、京都府宮津市難波野などは、海または川に近く、なだらかに傾斜する地である。海の津波か、川の洪水か、いずれかに襲われたことがある蓋然性が高いと思われる。

大阪の難波がナバという語源であれば、大阪との共通性が浮かび上がってくる。大阪の古称はヲ・サカで「小坂」とも「雄坂」とも書かれた。蓮如《れんによ》の石山別院では「大坂」が使われ、秀吉の大坂城もそれを踏襲した。明治以降、「大阪」の用字に改められた。

ところで、「大坂・大阪」の示す地形は、難波のナバエルと同義ではないか。知識人であれ、衆庶であれ、このことを承知して使ってきたのであれば、日本人はものすごい地学力を持っていた、といえよう。

六甲山地と灘《なだ》が危ない

六甲山は最高所が神戸市北区と東灘区の境にある山で、標高は九三一mある。この山を中心に、東西三〇kmにわたって、標高七〇〇〜九〇〇mクラスの山々と山頂に広がる高原状の平坦地からなる山塊を、六甲山地とも呼ぶ。

山地の南、約二〇kmの大阪湾の最底部は水深七四mで、山の高さと海底の深さを合計すれば、優に一〇〇〇mを超す。つまり、崖の中腹のやや平坦地に神戸の街が広がっている、という構図である。

しかも、六甲山地の中腹には無数の断層線が刻まれている。阪神・淡路大震災の犠牲者・被災者にはお気の毒だったが、いつか必ず〝破綻〟が約束された地だった、ともいえる。

私は学生時代、準急「鷲羽」号に乗って、岡山—京都間を往復した。とくに山側の車窓には山裾まで、そしてやがて山腹まで、日本有数の高級住宅地が広がっていった。

電車に乗り込んでくる少女たちも、垢抜けしてハイカラなファッションで、田舎育ちには限りなくマブしかった。そんな土地が、あの惨状に見舞われた。日本災害列島、恐るべし！

神戸市、そして阪神間の災害関連地名を総覧しておこう。

まず、酒造地として名高い「灘《なだ》」から。

「灘」の地名について、地元・神戸市の地名研究者の間では、どうやら、「海面を呼ぶナダが陸上に転用されたもの」という説が有力らしい。この説は、私はとても容認できない。

小学校四年生のときだったか、社会科地理で島影の少ない海面を「〜灘」と呼ぶと教わった。ところが、夕餉《ゆうげ》のあと、祖父が雑談で、「今日、シチヤ灘のところでな」と語り始めた。

エッ、このムラには陸地にもナダがあるのか?……

どのあたりか、場所を訊くと、わが家から四〇〇mばかり西の海から二〇〇〜三〇〇m離れた中道の、標高三〇mばかりそそり立った城山《じょうやま》の崖の下あたりだった。道を挟んだ崖の真向かいの家が、わが家とも懇意なM家であった。M家は大正時代には隣大字と合わせた行政村の村長を二度ばかり務めているが、江戸時代には組頭役だったらしい。

村方三役のうち組頭は年貢徴取責任者で、支払い不能に陥った大漁師（網元）や本百姓には年貢相当額を、カタ（質）を取って貸し付けたようだ。

年貢を肩代わりするようなもので、儲かるようなものではない。ケジメを付けるためにカタを取っただけで、実際に質を処分するようなことは、おそらく一回もなかったであろう。「質屋」の屋号で呼ばれたのは、子孫にとってはむしろ迷惑なことだったかもしれない。

私は、ナダが崖であるとは、このときまだ気づいていなかった。だが、あるとき、雪崩はナ（土地）・タレ（垂）が語源と気づいて、問題は一挙に解決した。雪崩から、ナダルという自動詞形が想定できる。ナダルの語幹部分が地名化したと考えれば、ナダの意味は一目瞭然だ。

地名「御影《みかげ》」は「水・欠け」のことか

神戸市東灘区に御影《みかげ》という地名があるが、これは広域地名で、「御影」を冠称《かんしよう》にして八つほど町名がある。

御影の地名について、聖徳太子の母后に因《ちな》むもの、神功皇后によるものなど、伝説的な由来譚がいくつか伝わるが、いずれも信じるに値しない。むしろ、ミ（水）カゲという語形ではないか。カゲはガケの清音・濁音転換形かもしれない。カケ（欠）というあまり語感のよくない地名が、貴人の事績にこと寄せて語られることで、情緒的に安定した例かもしれない。

御影町郡家《ぐんげ》の弓弦羽《ゆづるは》神社は熊野権現系の祭神であるが、淡路島南端の諭鶴羽《ゆづるは》山（標高六〇八ｍ）に鎮座する諭鶴羽神社も同じ熊野権現の末社である。だが、両社の直接的繫がりは不明であるが……。

なお、このユヅルハ地名をトウダイグサ科のユズリハの植生によるという説は、たぶん間違いであろう。ユスル（揺）とは、「衝撃を与えて振動を及ぼす」こと。淡路島の諭鶴羽山は和歌山県紀《き》の川構造谷《かわこうぞうこく》から延びて徳島県吉野《よしの》川構造谷を結ぶ中央構造線の真上に位置し、南側は数百ｍの急崖になっている。その急崖の下は「下灘」と呼ばれた地区で、地震や崖崩れなどがしばしば起きている。

神戸市の御影地区は戦国期ごろから石材採取・加工・販売が盛んで、「御影石」は良質の花崗岩の代名詞となった。また、江戸中期から「灘五郷」の酒造地の中核である「上灘」として発展した。

六甲南斜面は、土石流が頻発する

前述したが、六甲山はきわめて危険な山である。台風や前線が通過すると、紀伊水道から大阪湾を抜けた湿った風が六甲山地に吹き上げ、山腹に大量の雨を降らせる。六甲山から大阪湾に流れる川は、湊川・布引川・住吉川・都賀《とが》川など、いずれも中小河川で流路延長は概して短い。

逆に、源流の山頂から水平距離で二、三㎞の間に高度差で八〇〇ｍほど落下し、山麓の傾斜変換点から海岸まで二、三㎞の間をさらに数十ｍ流れ下る。明治期、お雇い外国人技師の一人が、「日本の川は川ではない。滝だ」と叫んだと聞いたが、むべなるかな、である。

なお、治承四年（一一八〇）四月、平清盛は安徳天皇ほか朝廷の要人を現・兵庫区の福原に移し遷都を企図した。だが一月、天皇は京に還御（戻ること）し、福原遷都は失敗した。

この福原遷都の失敗は、清盛の準備不足と源平合戦が始まったという情勢の変化もあったが、背景に水害ほかの災害があった可能性も捨てきれない。なぜなら、福原とはフク（膨）ハラ（脹）で、崩壊地名の一つであるからである。

この六甲山地だけでなく、阪神間の諸都市、淀川水系流域でも、近畿・関西地方では、古代から今日まで十数年、または二〇～三〇年おきに大水害が発生している。そして平成七年（一九九五）一月、神戸市と阪神間の住民は、災害の地獄を身をもって味わったはずである。

もうそろそろ、日本人は〝危険な土地〟を見極め、相対的に安全な土地に住むことを検討し直すべきではないか。

V　災害のデパート・名古屋の宿命

——海と台地と扇状地、輪中の狭間で

近代の一〇〇年間、東海地方が受けた数々の災害

平成二五年四月から六カ月間、私は「東海地方、この地名が危ない」と題して、月一回、中日新聞社が主催する「中日文化センター」の講座を担当した。毎回、三〇名前後の聴講者がいて、けっこう盛況だった。

明治二四年（一八九一）の濃尾《のうび》地震（震源は岐阜県根尾谷。M八・〇）以降一〇〇年余りの各種の災害を取り上げたが、その主要な災害史を一覧しておこう。

①明治二四年（一八九一）一〇月二八日　濃尾地震　M八・〇　死者七二七三　震源は岐阜県根尾谷

②昭和一九年（一九四四）一二月七日　東南海地震　M七・九　死者は三重・愛知・静岡三県で一二二三　震源は熊野灘

③昭和二〇年（一九四五）一月一三日　三河地震　M六・八　死者二三〇六　震源は三河湾内の中央構造線　震源の北東約一八kmに深溝《ふこうず》断層

④昭和二一年（一九四六）一二月二一日　南海地震　M八・〇　死者は西日本計一三三〇　震源は紀伊半島沖　津波が静岡県から九州東岸まで

⑤昭和三四年（一九五九）九月二六～二七日　伊勢湾台風（高潮・洪水災害）　死者は本州・四国計四六九七（ほかに行方不明者四〇一）　ちなみに二〇〇五年八月のアメリカ・ルイジアナ州のハリケーン・カトリーヌは死者一八三六

最後の講義で、木曽の御嶽山、加賀・飛驒国境の白山は名古屋から一〇〇㎞ほど、東京から箱根山・富士山と同じくらい離れているが、箱根・富士よりはるかに恐い、と話した。その一年後、あの御嶽山水蒸気爆発の惨劇が起きたのであった。

日本列島の中央、「中京」のプラスとマイナス

名古屋は、日本列島の中核を占める本州のほぼ中央、特に〝太平洋ベルト地帯〟と称される有利な地理的位置を占めている。

古代には、畿内を基盤とした大和王権が東へ東へと支配権を広げ、東国経営に乗り出す前進基地となった。

伊勢湾岸の浅海漁業の長から成長した尾張国造家は、熱田《あつた》台地東側の年魚市潟《あゆちがた》から木曽三川の大三角州を次々と水田に変え、東国有数の古代豪族に成長、大和朝廷内に確固たる基盤を確保した。

尾張国北部の広い範囲を、半径約二〇kmのわが国屈指の大扇状地である犬山《いぬやま》扇状地が占める。この扇状地の北部には縄文遺跡が点在するが、扇央〜扇端《せんたん》にかけては現・岩倉《いわくら》市の大地《だいち》遺跡はじめ重要な弥生遺跡がいくつもある。つまり、広大な扇状地は、すでに早くから水田稲作が行なわれていた、と思われる。

戦国期、この地から全国制覇に乗り出した織田氏とその後継の木下氏（羽柴氏）が〝天下布武〟を達成、その成果は三河国出身の徳川氏に引き継がれた。この近世武将の興亡を名古屋人が誇りとしたい気分は、わからなくもない。

明治の日本の近代化過程において、名古屋を中心とする東海地方は資源・資金・人材などのどの面でも格別に有利な立場に恵まれていたわけではない。だが結果的に、トヨタ自動車に代表されるように産業近代化の先頭に立ち得た。

これらの歴史的事実は、ひとえにその地理的有利さに恵まれたおかげであったろう。この成功体験がプラス面とすれば、マイナス面も多々あった。

名古屋市とその周辺の東海地方は、産業資源にはあまり恵まれない。利点はほとんど、地理的位置、交通上の便宜さにあった。その利点をバネにしていつも時代の先頭を切ろうとしたところに、逆になにがしかの無理が生じたのではないか、とも指摘できる。

前述した「中日文化センター」の講義でも、私は第一回目の冒頭で、「名古屋の人たちは〝中京〟という疑似地名に何の抵抗感もないようですが、これはおかしな名称ですよ」と、注意喚起しておいた。日本語で「〜京」とは、天皇が居住して統治の拠点としたところをいうのであって、名古屋はその条件に合致しない。

東京奠都《てんと》の議論があったとき、当時の政府要人の中には、経済中枢の大阪を「西京」と称すべきという論があった、という。だから、その中間にある名古屋を「中京」と称してもよいではないか、論も成り立たなくはない。

同じ類《たぐい》の〝名古屋病〟とも評すべき話に、「名古屋飛ばし」がある。今はどうか知らないが、一時、東海道本線に深夜、名古屋に停車しない列車があった。名古屋人はこれを、「名古屋飛ばし」と呼んでひどく嫌ったのだそうである。

私はこれを、社会心理上の一種の〝病気〟と見る。深夜、乗り継ぎできる在来線の列車がない時間に、名古屋に停車する、しないが、なぜ問題になるのか。メンツの問題であり、東京・大阪といつも同等でありたい、という〝見栄〟にすぎなかったのではないか。

名古屋の〝ウィーク・ポイント〟が見えてきた

先に挙げた大災害事例のうち、水害に分類できる代表例では、昭和三四年（一九五九）九月二六日深夜、愛知・三重両県を襲った台風一五号による高潮災害がある。

後に気象庁はこの台風を「伊勢湾台風」と命名するが、実際はこの台風は和歌山県潮岬《しおのみさき》西方に上陸し、伊勢湾上ではなく三重県側の陸上を通過した。だが、伊勢湾岸の被害が甚大だったため、その名が採用されたのである（次ページ地図参照）。

高潮は、台風などの強風や気圧低下によって、主に湾奥などに海潮が吹き寄せられ吸い上げられて、通常の潮汐《ちょうせき》現象よりも高い潮位になる気象・海況《かいきょう》現象である。

当然、沿岸部には海水が溢れるが、通常の洪水（河水）が上流側から溢れるのに対し、高潮は海岸側から潮水が押し上がってくる。その原因はともかく、住民にとって

伊勢湾台風（昭和 34 年台風 16 号）の進路

テクノバ・災害研究プロジェクト『近代日本の災害』（平成 15 年）より

水がもたらす災厄であることには違いはない。
伊勢湾台風の被害は、死者四六九七名、行方不明者四〇一名という気象観測史上最大級の被害となった。このとき、名古屋市南西部の低地一帯は一面の水浸しになり、数日間も水が引かない所もあった。家屋が破壊された直接の原因は、名古屋港に設置されていた材木置き場から流出した材木が、波にもまれてそこら中を破壊しつくす凶器となったからである。
名古屋港は藩政時代から、尾張領だった木曽谷から筏《いかだ》流しで出された良材を全国に搬出する伝統があったのだろう。だが、もう輸入材の時代である。この経験に学んで、危険な業種の立地は制限されてしかるべき、と考える。

東海道新幹線と長良川決壊の因果関係は？

昭和五一年（一九七六）九月一二日、岐阜県安八《あんぱち》郡安八町の長良《ながら》川右岸堤防が決壊、同町の四〇〇〇戸以上が浸水した。台風一七号はこの年に上陸した久方ぶりの大型台風で、高気圧に阻《はば》まれて速度が遅かったため、関東以西の西日本各地に大きな爪《つめ》痕《あと》を残した。

連続六日の豪雨のため、長良川源流に近い郡上郡《ぐじょう》（現・郡上市）八幡町《はちまん》では総雨量一〇〇〇㎜を超え、長良川の流量は限界に達していた。そして一二日、下流の安八町大森で堤防が五〇〇mにわたって決壊するに至ったのである。

この一級河川の破堤については、新幹線岐阜羽島《ぎふはしま》駅周辺の開発がようやく進展し、隣接する同町全域でも都市化が始まっていた。そこで、自動車交通の邪魔になるとして、輪中《わじゅう》堤防の一部撤去が図られていたせい、などと指摘されてきた。

私はもっと直截《ちょくせつ》に、新幹線の長良川橋梁建設工事が堤防破堤に大きく絡んでいる、と見る。破堤個所は、その新幹線鉄橋の約一〇〇m下流だったからだ。

東海道新幹線は、昭和三四年から着工された。新幹線ルートと駅設置地点が公表されると、世間では岐阜県の輪中地帯を直進するルートと新駅・岐阜羽島駅新設を巡って議論が沸き起こった。地元有力政治家・大野伴睦《おおのばんぼく》代議士の「我田引水」ならぬ「我田引鉄」ではないか、というわけである。

この新幹線ルートについては、私が当時加わっていた大学の地理同好会主宰の教授は、「輪中地帯を横切って、わざわざあんなルートにすること、あらへん。既存の東海道線沿いに岐阜駅経由でも五分も余計にかからへん!」と宣《のたま》ったものだった。「既存の」と書いたのは当時、まだ「在来線」という用語がなかったのである。

私は、この教授の日頃の意見には半分は賛成しないが、この件については全面的に賛成した。所要時間とか経費の問題ではない。教授の指摘するように、「輪中」という特異な条件の土地に大規模工事を施《ほどこ》すことに、大いなる疑問を感じたからである。

この場所で、堤防や流路中に鉄柱を立てれば、河床の下の地下水系統は大きくかき乱される。数百年間、安定していた地下の流れは、橋脚一本で微妙に乱される。それが、工事後一四年間で耐えられぬ段階に達したのではないか。

安八郡安八郷の名は、平安前期編纂の『和名抄』国郡郷部にあり、この「安八」の訓はアハチマである。つまり、アハ(暴)チ(アッチ・コッチのチで、「方向」)マ(間=空間・場所)という地名で、「(水底に隠れていた地面が徐々に)表面に露出して陸地化する地」という地名であろう。

このような特殊条件の場所に近代的工法を施す場合には、さまざまな調査を行ない、シミュレーションを加えて、何が起きるかを十二分に検討しなければなるまい。

天白《てんぱく》川は名古屋市の低湿地を流れ、水はけが悪い

平成一二年（二〇〇〇）九月一一日から翌日にかけて、台風一四号が前線を刺激し、沖縄から東北地方にかけ、所によっては二四時間の雨量が六〇〇㎜を超す豪雨禍《か》に見舞われた。このとき、名古屋市では南の天白区の天白川流域と西の中川区の庄内川・新川流域が冠水し、犠牲者も出る惨事となった。

天白川は、愛知県日進《にっしん》市から名古屋市南郊を流れて名古屋港に流出する、全長二二・七㎞の二級河川である。

丘陵地帯と低平な平野部を流れる中小河川、と侮《あなど》ってはならない。上流部は新第三紀層の脆い土壌で天井川状を呈し、中流部は谷底の低地を流れるため水はけが悪く、近年しばしば溢水を起こしている。

この河川名の「天白」は、かつて南隣の現・緑区鳴海《なるみ》に鎮座していたという天白明神の名を採って川の名としたのだが、明治三九年に四村合併による新村名とされ、そ

れが現在の区名となったもの。
「天白（天伯）」という地名は、愛知県ほか東海地方に散在する。特徴的な地方神の名が地名化したものであるが、地元ではこの天白（天伯）神は「風の神」とか「旅の神」・「農業神」ともされて、不思議な神という扱いらしい。

水神・瀬織津姫《せおりつ》が怒った

小学館『日本国語大辞典』によれば、「天白（天伯）」とは水神・瀬織津姫の漢語名だという。セ（瀬）・オリ（降）・ツ（津）という語構成で、「急流を流れ下る（ことを司《つかさど》る）女神」を表わしたものか。

このツ（津）について、本居宣長《もとおりのりなが》以来、多くの地名研究者は平気で「湊の意」などと宣《のたま》うが、漢字「津」の字義は「水が繋がってしたたり落ちる」という意味である。東海地方の農民は、大国学者よりはるかに自然の摂理に通じていたのである。

それにしても、天井川であり低地を流れる川ではあっても、たいして急流というわけでもないのに、なぜ「天白」なのか。

平凡社『日本歴史地名大系　愛知県』は「天伯」の用字の二社を載せる。その一つは旧・東加茂郡足助《あすけ》町（現・豊田市）中之御所にあり、巴《ともえ》川の支流・足助川が狭い峡谷を刻む地だから、ここならセオリツ姫が祀られても不思議はない。足助川のやや下流には、渓谷美で名高い香嵐渓《こうらんけい》の景勝もある。

もう一つは岡崎市天白町の矢作《やはぎ》川左岸に鎮座するが、この地は矢作川の屈曲点で、かつてしばしば決壊した地点であろう。

つまり、天伯神ははじめ三河地方の山中で「急流を司《つかさど》り制御する女神」として祀られ、平野部に降りて「洪水防止祈願の神」とされ、東海地方一円に広まった、と見るべきではないか。「天白」という表記は、比較的近年に使われるようになったものだろう。

水の女神を怒らせないためには、ただ「低きに流れる」水の特性を十二分に理解し、女神が怒ることのないよう、十二分に配慮しなければならない。

庄内《しょうない》川沿いの決壊常習地を表わす地名

天白川が溢水したのと同じ平成一二年の東海豪雨では、名古屋市中川区など一級河川・庄内《しょうない》川下流に放水路として整備されたはずの新川の堤防が、名古屋市中川区で一〇〇ｍにわたって破堤したほか、各所で溢水・越水した。付近の水深は、三、四ｍにも達した、という。

この東海豪雨では、東海道新幹線の列車約七〇本が東京―米原間でストップし、約五万人もの乗客が車内泊を余儀なくされた。

この庄内川と新川沿いの〝危ない地名〟をチェックしておこう。

名古屋市西区押切《おしきり》／水による破堤個所をいう。

中川区荒越／川が荒れて越水した地点か。

中村区猪之越／地名の「猪」は「井」の借訓文字。ヰ（井・猪）は井戸ではなく、「水のある所」・「川の流れる所」のこと。猪之越とはすなわち「川が越水した地点」である。

住民は嫌な地名でも変えるな！

私は、三五年前の「牛込・四谷の町名を守る会」結成を呼びかけて以来、全国の地名問題に対応するため、自費で「地名情報資料室・地名一一〇番」を主宰してきた。全国の同憂の士からさまざまな通報が寄せられるが、一年前、名古屋近在の人から通報があった。なんでも、「朝日新聞デジタル」に地名変更推奨記事が掲載されている、という。

そこで、平成二七年五月五日号を入手してみると、「珍名・長すぎ……地名を変えました　悩む住民が活動」と題する記事が掲載されていた。

愛知県北名古屋市（旧・西春町《にしはる》）徳重《とくしげ》で住民五八名のうち約八割の署名を集め、字「土部」の読みをドブからツチベに変えるよう要望、市議会は前年暮、四月一日を期してツチベに変えると決議した。

記事は前文のリード部分で、「住民の要望を受けて地名の古称を変える地域が相次いでいる。響きの良くない読み方だったり、長すぎたり、何かとついて回る情報だけに、住民たちの思いは切実だ」と述べている。この記者は、こういう風潮を是認し、推奨したいのか。

　ドブという地形用語は、今では「下水」・「排水溝」とかのイメージが強いのだろうが、各地の方言では「ぬかるみ」・「水たまり。池」などの用例があり、語源としてはドロ・フカの義（『名言通』）あたりが妥当か。

　つまり、現代語としては「腐臭ただよう汚水溝」として嫌悪すべき表現になるが、本来は価値観抜きに単なる低湿地を呼んだ地形用語だった、と思われる。そういう基本的な地形用語を、現代人の感覚だけで安易に忌避して捨て去ってよいのか。

　五年前の東日本大震災では東北から関東各地で、内陸でも液状化現象が起きた。犬山扇状地扇端は陸地化して千数百年経っているが、地震の規模、震源しだいでは、液状化もありうるだろう。

　今から十数年前、名古屋の中日新聞社会部記者から、次のような質問を受けた。愛知県中部、矢作川流域の某市住民から、地元にその名も「地獄」という名の小字《こあざ》があるが、縁起でもないから「極楽」とまではいわないが、もっとマシな字名に変えたいらしい。そこで「地名一一〇番」の見解を問う、というのであった。

私は地図で確認するまでもなく、即座に「それを容認したら、日本中、オメデタイ地名が氾濫することでしょうネ」と答えた。先人が「地獄」などと命名したのは、子孫に、「ここはワケアリの要注意の地だ。むやみに家を建ててはならぬ。人が集まる公共用地としても、利用するな」と注意を促すために、わざわざ縁起でもない名を残したのではないか。

川が決壊・氾濫するクセのある地かもしれない。地盤が軟弱で、液状化しやすい土地かもしれない。あるいは、西三河では戦国期、一向宗門徒の一揆を徳川軍が根こぎ殲滅《せんめつ》したというから、字・地獄の地下には夥《おびただ》しい数の遺体が眠っているのかもしれない。いずれにせよ、軽々しく地名を変更してよい地とは思えない。

朝日新聞の〝見識〟を問う

朝日新聞には、私は〝苦い経験〟を二度にわたって、舐《な》めさせられた。一つ目は昭和四二年七月、「住居表示に関する法律」改正案が国会で成立寸前、その成立に水を差すような囲み記事が載った。この同紙記事が元で、改正法が骨抜きにされ、自治省

(現・総務省)がマニュアル本の改訂に頬かむりする口実を与えたのであった。

二つ目は、「日本海」の呼称の是非について、当時の清田・ソウル支局長が韓国某大学の教授に一方的に語らせた聞き取り記事を無検証で掲載したこと、である。「世界には、日本海以外に国名を付けた海洋名はない」などと、日本人なら小学生でも知っているインド洋・メキシコ湾・イギリス海峡・アイリッシュ海・ノルウェー海などに目をつぶり、幼稚きわまる論を許してしまった。

この場を借りて、「日本海」の起源をお教えしておく。日本では関ケ原の戦のあとのこと、中国・明に渡ったイタリア人イエズス会士マテオ・リッチ(中国名は利馬竇)が一六〇三年に中国で著した『坤輿《こんよ》万国全図』の東洋部分の地図で、今の日本海に当たる海域に漢字で大きく「日本海」と記入している。

大航海時代のヨーロッパ社会では、日本列島に閉ざされたこの海域を「日本海」と呼ぶのは、ごく当たり前の感覚だった。韓国側の「日本海海戦に勝利した大日本帝国海軍が勝手に命名した」などというのは、日本を〝買いかぶりすぎた〟論理である。

実は、この原図は私が学んだ京都大学地理学教室が所蔵しているが、そのことを私は高校の地理の授業で教わっていた。だが、大学では学部学生の分際で、そんな宝物を目にする機会はなかった。

話がそれたが、もし将来、名古屋近辺で大地震が発生し、「土部」地区で液状化など地震災害が発生したら、朝日新聞はどう釈明するのだろうか。

北名古屋市（何という市名⁉）徳重の住民にも一言。

昭和一〇年（一九三五）徳重地区の戸数・人口は一一五戸・六二三人にすぎなかった。それが高度経済成長期を過ぎた平成一〇年には、一一二七戸・三五七四人に増加している。

つまり、比較的安い値段で買った家を、地名を変えて高く売れれば、これはもう〝悪徳不動産屋〟並みの商法になる。そして朝日新聞は、その商法を後押ししたことになる。

Ⅵ

〝坂の町〟長崎がなぜ危ないか？

――昭和五七年、長崎大水害

初めて見聞した未曾有の都市水害

昭和五七年（一九八二）七月二三日夕刻、長崎市とその周辺を猛烈な集中豪雨が襲った。長崎市北郊の西彼杵《そのぎ》郡長与《ながよ》町役場の雨量計では午後七時～八時の一時間雨量は一八七㎜を記録しており、死者・行方不明者二九九名を数える未曾有の都市災害となった。

のちに気象庁は「昭和五七年七月豪雨」、長崎県は「七・二三長崎大水害」と命名したが、中小河川の氾濫《はんらん》による都市水害と地すべり・崖崩れなどの土砂災害が重なった複合災害で、一般には「長崎豪雨災害」の名で知られている。観光の名所として知られる眼鏡《めがね》橋が半壊し、その映像が連日マスコミに取り上げられたのでご記憶の方もいるだろう。

私は小学校四年生以来、地形図に魅《み》せられ、身近な地名あれこれを考える地理少年であった。地理学の一分野の気候学・気候分類についてはいちおうの知識は持っていたが、個々の気象現象は理科系の分野に属するから、ごく一般的な知識しか持っていなかった。

もちろん、梅雨末期に雷雨を伴う集中豪雨がしばしば発生し、やがて酷暑の季節がやって来ることは幼少時から体験的に承知していた。だが県庁所在都市が、これほど大きな災害に見舞われた例は初めての体験だった（第Ⅷ章で述べる昭和九年の郷里・岡山市を襲った大水害については、幼時から折にふれ聞かされていたが、実体験とはほど遠いものであった）。

この「長崎豪雨災害」の直接の原因は東シナ海から九州西岸に延びた「湿舌《しつぜつ》」によるものだったが、その「湿舌」という気象用語も、このときの新聞記事で初めて知った。なお、梅雨前線や秋雨《あきさめ》前線に沿って延びる湿舌による集中豪雨による災害は、その後も日本海沿岸各地で頻発している。

この「長崎豪雨災害」については、内閣府に設置された中央防災会議が平成一七年（二〇〇五）三月、「災害教訓の継承に関する専門調査会議」報告をまとめ、各方面の研究者・技術者によって詳細に検証されている。本稿はこの中央防災会議の報告（以下、「報告」と略す）に基づき、私なりの考察を加える。とくに、末尾の「コラム」と題した章には川原孝《かわはらたかし》氏の「地名から見る災害」の一節があるが、川原氏の見地には災害地名学上容易には納得しがたい点もあり、その点も私見を付記しておきたい。

なぜ〝坂の町〟長崎に、県庁が置かれたのか

長崎という県庁所在地の都市的立地条件については、前記した「報告書」にも第二章および第四章で触れられているが、他の県庁所在地と比較してその特性が的確にとらえられているようには思えない。

長崎はよく〝坂の町〟と表現されるが、なぜ〝坂の町〟に県庁が置かれたのか。このテーマは、幕末の安政五カ国条約で従来からの下田・箱館に加え、なぜ神奈川（実際は横浜）・長崎・新潟・兵庫（実際は神戸）が開港場とされたのか、という問題に遡《さかのぼ》る。

幕府はアメリカはじめ列強の力ずくの開国圧力に屈せざるをえなかったが、既存の大・中の城下町や繁華な宿場町を避け、新開地に外国人（外交官・貿易商）を隔離しておきたかった。もっとありていに言えば、室町期の長崎や幕末の下田がそうであったように、開港場は陸上交通上はるか僻遠《へきえん》の地に隔離するという大方針（というか、

むしろ防衛本能に近い）があったものと考えられる。

明治前期に幾変転した府県制は、煎《せん》じ詰めれば国の出先機関として地方を過不足なくどう機能的に掌握するかという観点で試行錯誤された結果である。府県庁所在都市はそれに加えて、〝地域近代化のショーウインドウ〟の役目も負っていた。

府県庁のなかでも、長崎・神奈川（横浜）・兵庫（神戸）・新潟の四開港場は、地元民向けの〝ショーウインドウ〟のほかに対外的にも〝近代化のショーウインドウ〟として機能することを求められていた。各国の外交官や貿易商に、「日本はもう十分近代化している」と実感させて、不平等条約解消の手立てとする必要があったのである。

開港場のある県は、だからいずれも分不相応な県域が設定されている。

その典型は神奈川県で、相模《さがみ》国に加え武蔵《むさし》国南西部までも県域とした。現・横浜市・川崎市のほか、明治二六年四月一日に東京府に編入された三多摩地区も含めて神奈川県の領域とされたわけである。

また兵庫県は、播磨《はりま》国・但馬《たじま》国・淡路《あわじ》国の三国に加え、摂津《せっつ》国・丹波《たんば》国の各半分を領域とした。

新潟県は、越後《えちご》・佐渡を合わせた総面積一万二五八四㎢で、北海道を除けば山地が広い岩手県・福島県・長野県に次いで全国で四番目に広い県域を持つ。古代以来、越後国は蒲原《かんばら》平野はじめ未開発の低湿地が広かったが、中近世に開拓が進み、明治初期には関東平野に次ぐ本州屈指の稲作地帯となっていた。

長崎県の場合も、「薩長土肥」と称された佐賀藩のほうは明治四年七月一四日の廃藩置県ではそのまま佐賀県となったが、その二カ月後には伊万里《いまり》県となり、県名も失って県庁所在地でもなくなった。七カ月後には佐賀県は再置されるが、明治九年四月には筑後国南半部を管轄する三潴《みずま》県（県庁は現・福岡県久留米市）に統合されている。

一方、長崎県のほうは戊辰《ぼしん》戦争中の慶応四年二月、幕府の長崎奉行所が新政府の長崎裁判所に改組され、同年五月の府藩県三治制では長崎・越後・箱館には東京・大阪・京都などとともに府が置かれた。この長崎府は、豊後国日田《ひた》郡・肥後国天草《あまくさ》郡など九州北部の旧幕府領を広く統括した。

明治四年の廃藩置県後の長崎県も、一時は現・長崎県域のみならず佐賀県全域から熊本県天草地方までを含んでいた。つまり、開港場・長崎港を擁する長崎県は、面積・戸数・人口とも常に大きめに設定せざるをえなかった。

それは開港場で急速な集中的近代化を進めるため、管轄する府県に予算と権限を振り向ける必要があったためである。そこで県都の長崎市も、適正規模を超えて過大にならざるをえなかったのである。

近代化の陰で災害が多発

明治前期の府県制の沿革を見てきたが、それが実際にどのように都市災害を招いてきたのか、見ておこう。

大正一二年（一九二三）九月一日、相模湾を震源とするM七・九の関東大震災が発生した。死者・行方不明者が一〇万五千人を超える巨大災害となったが、その犠牲者の過半は東京・下町に集中し、その多くは木造密集家屋の焼失によるものであった。

だが、一般にはあまり知られていないが、ビルの倒壊など地震そのものによる直接的な震災は、神奈川県横浜市のほうがはるかに大きかった。横浜のほうが震源に近く、たかだか数十年前の幕末に造成された、いわば〝出来立て〟の軟弱地盤に造成された新興都市だから当然の結果だった。

同じことは、昭和三九年（一九六四）六月一六日の新潟地震（M七・五）でも指摘できる。中層公営住宅が基礎から倒壊し、石油タンクが炎上するという特異な被害が発生した。

これはひとえに、本来は近代的な大型建造物を建てることが規制されてしかるべき砂泥質の砂丘跡だったからである。開港場・新潟付近には堅固な地盤の地が少なく、無理をして近代都市を造成したツケであった。

平成七年（一九九五）一月一七日の兵庫県南部地震（阪神淡路大震災　M七・三）の場合も、同じ背景が透《す》けて見える。安政五カ国条約では、摂津国兵庫湊が開港場とされたが、古代の大輪田の泊以来の要港であった兵庫湊を避け、東に約三km離れた八部《やたべ》郡神戸村に運上所が設置された。

神戸村付近は六甲山地と大阪湾に挟まれた狭い平地が東西に延びる地で、市街は六甲山中腹にまで広がっている。第Ⅶ章で指摘する広島市安佐南区八木などと同じ図式である。

いずれにせよ、近代に開発された新興市街地を襲うかもしれない災害の予防については、もっと真剣に検証され、対策が取られるべきである。いや、近代の新市街だけでなく、近世成立の城下町・宿場町はじめ人工の手が加えられた形跡のある新開地・干拓地などはすべて、防災の見地から再検証されなければならない。

日本列島は、いうまでもなく災害列島である。近代日本は相次ぐ市町村合併政策で中央集権化を進めてきた。今さら「地方創生」とは白々《しらじら》しいが、大都市圏や府県庁所在都市に過度に集中した人口・社会資本を地方に分散し、改めて「国土の均衡ある発展」が図られるべきである。

巨大化した近代都市・長崎の病弊

長崎市は、いうまでもなく戦国期から南蛮貿易の基地として発展してきた港湾都市である。初めはポルトガル船専用の南蛮貿易港で、いわばイエズス会の〝租借地〟だった。

寛永一五年（一六三八）に島原の乱が鎮圧されると、翌々年にはポルトガル船の来航が禁止された。さらにその翌寛永一八年（一六四一）には平戸にあったオランダ商館を長崎に移し、以後、長崎港に設営された出島がオランダ船と清国船のみに開かれた国際貿易港となった。

江戸時代、長崎貿易は幕府の長崎奉行の管轄下に置かれた。戊辰戦争中の慶応四年（一八六八）二月二日、その長崎奉行所は新政府軍に接収されて長崎裁判所に改組、同年五月に長崎府が設置され、八月には天草県を併合、明治二年（一八六九）三月には長崎府は筑後国三池郡大牟田村など二一カ村および松浦郡のうち旧郡代管轄地を併合した。

同明治二年六月二〇日、長崎府を改称して長崎県（第一次）成立、同四年一一月一一日に島原県・平戸県・福江県・大村県を合わせて第二次長崎県成立。明治九年八月二一日、隣接する肥前国杵島《きじま》・松浦二郡を併合（第三次長崎県）、明治一六年五月九日、肥前国一〇郡を分割し佐賀県を再設置。

これにより、長崎県は肥前国のうち彼杵《そのぎ》郡（のちの東・西彼杵郡）・松浦《まつら》郡の一部

（のちの南・北松浦郡）と高来《たかき》郡（のちの南・北高来郡）に加え、壱岐《いき》国・対馬《つしま》国の二国からなる県域が確定した（第四次長崎県）。

最終的には、肥前国の主要部は「薩長土肥」の佐賀藩が佐賀県として復活したが、政治・経済・文化のすべての都市機能を比較すれば、長崎市は佐賀市を今日に至るまではるかに凌駕《りようが》していると言わざるをえない。

地元経費で開港場のインフラ整備

延々と、長崎港と近代の長崎県成立に至る経緯を述べてきた。何を言いたいかというと、俗説として流布《るふ》している「現在の県名は、新政府派の旧藩の名はそのまま県名に残り、佐幕派の旧藩名は郡名などに置き換えられた」という宮武外骨《みやたけがいこつ》以来の通説に反論するためである。

俗に「薩長土肥」と称されるように、肥前佐賀藩はとくに軍事力において新政府軍の中枢的立場にあった。その佐賀藩の名を継ぐべき「佐賀県」の名が廃藩置県直後はともかく、伊万里県に吸収され、再設された第二次佐賀県も三潴《みずま》県（県庁は現・福岡県久留米市）に併合され、さらに三潴県分割後は現・佐賀県域は長崎県に統合され、最終的に佐賀県が復活したのは明治一六年五月九日のことであった。

明治維新後の新政府の課題は、近代化の実を示し不平等条約解消を図ることにあった。とくに安政五ヵ国条約で開港場とされた神奈川（横浜）・箱館・兵庫（神戸）・新潟・長崎では早急に近代化を進め、諸外国の外交官や貿易商の目に見える形で示し、不平等条約解消に結実させなければならなかった。

つまり、直線距離で三五〇km以上も離れた対馬まで長崎県域に含めたのは、開港場の近代化、インフラ整備に地方税を充《あ》てるためであった。結果、長崎は近代的港湾・産業都市として大発展を遂げ、その後に日本が東アジア・東南アジアに進出する窓口の一つともなった。

しかし、そのことが第二次世界大戦末期の原爆投下に繋がるし、さらにその三七年後の集中豪雨による未曾有の都市災害もこのことが遠因となった。

江戸時代、長崎港は唯一外に開かれた窓口として十二分に機能した。ただ、この地は山と海に挟まれ、平地には恵まれない。その狭小な平地に新たに近代施設を集中させれば、住宅地は急な坂を上った山の中腹や丘の上、中小河川の谷の奥に進出するほかなかった。

県都・長崎が孕む危険性

明治以降、都道府県庁所在都市はいずれも大発展を遂げた。戦後の高度経済成長期、バブル期、その後の経済停滞期にも、過疎に悩む県においてもすべての県庁所在都市はインフラ整備が進み、人口は例外なく増え続けてきた。「東京一極集中」の弊《へい》が指摘されて久しいが、過疎県の内部にも同様の「一極集中」が進んでいた。

各府県庁所在都市と比較して長崎市のもう一つの特色は、火山性の土壌に広く覆《おお》われていることである。東京・横浜など関東平野の台地は広く火山灰地に覆われているが、その基盤には一度は海底に堆積した堆積層によって構成されている。

ところが九州西岸の長崎半島・西彼杵半島は中央構造線（メディアン・ライン）の西端に位置し、別府・九重・阿蘇・雲仙の火山群に連なる。この線をさらに西に延長すれば、五島列島福江島や韓国・済州島《さいしゅうとう》の火山島がある。

長崎半島・西彼杵半島の火山性土壌がいつ形成されたのか、火山学にも土壌学・地質学にも疎《うと》い私には述べる資格がない。ただ一般に、火山性の地質・土壌は基盤が脆く、浸食作用を受けやすい。このような土地条件の地に人口四〇万人を超す都市が立地すること自体、長崎の悲劇ともいえた。

地名が語る過去の災害史

前記した内閣府・中央防災会議「災害教訓の継承に関する専門調査会議報告書」(平成一七年三月)には「コラム」と題した章が付されており、その中には「地名から見る災害」として川原孝氏の二三行分の短いコラムが載る。この川原氏がどんな職務の人で、地名関係のどのような論文を書かれているのか、私はまったく知らない。

私は今から三五年前に研究者二名と共編著で『地名関係文献解題事典』(同朋舎出版、文部省科学研究費助成出版)を刊行した。同事典は明治期から昭和五四年までの論文を博捜《はくそう》し解説したものだった。その後の各分野の研究者の動向には可能な限り目配りしてきたつもりだが、私は川原氏の名を知らなかった。
それは私の目配りが足りなかっただけで、川原氏の論の妥当性を論議する理由とはならない。ただ、その論考には以下の各点のように、首を傾《かし》げざるをえない点があることは、指摘しておかなくてはならない。

カワチ・ゴウチ（河内） 長崎市本河内奥山で二三名の犠牲者が出るなど「川内」・「河内」地名の地はいずれも洪水被災地名とする。
国郡制の河内国や近世の土佐国高知城ほか、カワチ・コウチの地名は多数使われてきた。その意味するところは、川原氏が述べるように「川があること」・「谷間になったところ」であり、もう少し厳密にいえば「河流に囲まれたようなところ」である。川沿いの地である以上、過去にも将来でも洪水とは無縁ではありえないが、この地名を即「災害地名」と断定するのは極論に過ぎよう。

ヒラ・ビラ（平） 川原氏は、長崎市北部の川平《かわひら》郷に内平《うちびら》地区があり、ここで三三名の犠牲者が出たことを指摘、「この地名用語は地すべりの結果生じた地形を表わしたもの」と断定する。ヒラはタヒラ（平）の頭音が脱落した語で、地すべりで土砂が崩れ落ちた堆積面は周辺より平坦で、その平坦面を表現した地名とするのである。

だが、この認識はたぶん〝一知半解〟の説であろう。私見では、山中の地すべり堆積面はナラ・ナロ系の地名が多く使われている。

実は、この地名用語は、地名研究の初心者が早い時期に悩まされる用語である。

ヒラは薩摩方言で「崖」、南島方言で「坂」、対馬方言で「岡」などの用例があり、アイヌ民族出身の言語学者・知里真志保《ちりましほ》の『地名アイヌ語小辞典』は、「pira　がけ。土がくずれて地肌のあらわれている崖」とし、「朝鮮語のピラ（崖）と関係あるかもしれない」と注記する。ヒラはアイヌ語とか朝鮮語というより、東アジア共通祖語、原始縄文語にまで遡《さかのぼ》りうる語であろう。

なお『記紀』に載るヨモツヒラサカの名も「平らな坂」では語義矛盾に陥るから「(あの世からこの世に昇る) 急坂」と解すべきだろう。

アゼ（**畦**）～　川原氏は「畦別当《あぜべっとう》」・「畦刈《あぜかり》」などの「畦～」地名は、地すべりによって田の面積が小さくなった状況を示した地名とする。田畑の境をなすアゼの語源は、人体名詞のアザ（痣）と同じく、「交・叉」の意であろう。アザは古く皮膚疾患一般をいい、滑らかな表皮に凹凸が生じた状態のことである。

田畑の畦畔《けいはん》をいうアゼ（畦）も、平らな田畑の隅に残された凸状の部分である。

災害地名としてのアゼは、両側を浸食されて痩《やせ》尾根状の地形を呼んだものか。

ナメシ（滑石） 川原氏は転石・石原などとともに、地すべりの結果生じた破砕岩を示した地名とする。そうかもしれないが、ナメという用語はもう少し考察が必要だろう。方言用例では、ナメには「川床の一枚岩」（群馬県・埼玉県秩父）、地面の凍って滑る所（長野県・奈良県吉野）、やわらかい岩盤（秩父・山口県）、赤土・ローム層（八王子市）などさまざまな用例がある。私はこのほかに、動詞のナメル（舐）には、印刷・製本業界の用語で書籍などの小口を「切り落とす」という意味もあることを指摘しておきたい。


蘭学事始めの地・ナルタキ（鳴滝）こそ危険だった

川原氏はまったく触れていないが、「昭和五七年長崎大水害」の当時、私は市内の一つの著名な地名に注目していた。長崎市鳴滝の名は、中学校の歴史の授業でオランダ商館医師のＰ・Ｆ・フォン・シーボルトの開いた鳴滝塾《なるたき》の名を教わった。

文政六年（一八二三）長崎に赴任したシーボルトは初め出島内で日本人患者の診察・治療に当たっていたが、受診希望者が殺到したため、翌年、市外の鳴滝村に私邸を構えることを許され、薬草園付設の診療所と西洋医学および洋学全般の講習所を開いた。これが鳴滝塾で、高野《たかの》長英《ちようえい》・伊東玄朴《いとうげんぼく》ら西洋医学を志願する日本の若者らが集い、医学だけでなく西洋近代科学全般にわたる教堂となった。

長崎市街中心部を二級河川・中島川が流れるが、その中流右岸に支流の鳴滝川が注ぐ。その合流点の五〇〇ｍほど上流に国指定史跡のシーボルト宅跡がある。昭和五七年長崎大水害では、この鳴滝一～三丁目では計二四名の犠牲者が出た。

鳴滝という地名は集落名と自然地名（山名と河川名・滝名など）で全国に一二カ所ほどある。京都市右京区の鳴滝は地区の冠称で、下に二〇余りの町・字名が付く。ナルタキのナルは音響地名で、東京・世田谷区の等々力《とどろき》などと同じく「水音が鳴る」という表現。タキ（滝）は英語ではfallsで、この語は動詞としては「落下する。倒壊する。沈む。死ぬ」などの意味がある。

日本語の滝は動詞タギル（滾）に通じ、「水が激しく流れる」意であろう。中部山岳地方などには「～田切川」という名の河川がいくつもあるが、豪雨や融雪期に「滾るように流れる川」のこと。明治期、お雇い外国人の土木技師の一人が、「日本の川はriverではない。すべてfallsだ」と喚いたという話が伝わるが、言い得て妙と評すべきだろう。

なお、同類の「滝」を示す古語にタルミ（垂水・樽見）があるが、鹿児島県垂水《たるみず》市で平成二七年六月、シラス台地から流れ落ちる小川で土石流災害が発生した。全国のタルミ（垂水・樽見）・タルミヅ（垂水）地名もまた災害地名の一つとみなして検証されるべきであろう。

Ⅶ

「緑の丘」願望の破綻

——平成二六年、広島安佐南区の土砂災害

復興した大広島市のもう一つの〝悲劇〟

平成二六年八月二〇日未明、広島市安佐北区と同南区の区境に聳える阿武山《あぶ》（阿生山とも）一帯に集中豪雨が降り、山腹の数十カ所で発生した土石流が山麓の新興住宅地を襲った。

阿武山は西中国山地の主要部を占める冠山《かんむりやま》山地東端の前山（標高五八六m）で、山頂部は泥岩・粘板岩などの古生層が覆う。その基盤は花崗岩で、中腹以下は脆い風化花崗岩地帯（広島花崗岩という）である。

この豪雨・土砂災害については、まず現地住民から「土石流が発生している」という通報があったのに避難警報は一時間以上も経ってから出されたこと、また広島県内に約三万カ所あるという土砂災害危険個所（これは四七都道府県で最多）のうち、県が土砂災害警戒区域に指定していたのはその約三分の一に過ぎなかったこと、など行政当局の無策ぶり、怠慢が指摘されている。

だが私は、この種の災害の根本原因は、戦後、いや明治以降一貫してそれぞれの土地条件（地形・地質・土壌・気象）に応じた土地利用計画や都市開発計画が樹てられなかったことにある、と思う。

広島市は神戸市や長崎市とともに急峻な山の中腹まで宅地化したために、風水害・土石流災害が頻発する危険性を抱えた都市の代表格である。

太田川は中国地方屈指の暴れ川

中国地方は日本列島でも寡雨地帯に属するが、山陰地方は冬季の雪、春・秋の季節には前線の影響、とくに日本海に入り込んだ湿舌によってしばしば集中豪雨に見舞われる。日本海に台風や強い低気圧があるときには、湿った南西の風が豊後水道から伊予灘―広島湾を経て広島平野に吹き込む。そして、さらに太田川の河谷に沿って冠山山地に吹き上げ、ときに激しい集中豪雨をもたらす。

冠山山地を含む西中国山地では北東―南西方向の断層線やリニアメント（直線状構造谷）がいく筋も見られ、太田川源流部はそうした地形上の制約に逆らって貫入《かんにゅう》・蛇行を繰り返しながら南東方向に流れる。

山県郡加計《かけ》町加計の地名は、動詞カケ（欠）に由来するが、河流に浸食された崖の意か、あるいは河岸が決壊（欠）したことによるのか、いずれにせよ何らかの崩壊地形が起源の地名である。ついでに同町津浪《つなみ》の地名は、標高一八〇m超の山奥に海嘯《かいしょう》（海の津波）が襲うはずがないから、「山津波」すなわち崖崩れ・地滑り・土石流などの災害の痕跡を留めた地名であろう。

太田川源流部では、激しい浸食力によって三段峡・滝山峡などの渓谷美がつくり出される一方、中・下流域ではしばしば水害に襲われた。戦後の被災記録でも、昭和四七年（一九七二）には梅雨前線による豪雨で約一〇〇〇戸もの家屋が被災した。さらに平成一七年（二〇〇五）には台風一四号により観測史上最大といわれる豪雨が降り、四八六戸が被災した。

太田川上流域は、北隣の島根県（出雲国・石見国）と同じく古代から「鉄穴流《かんな》し」による砂鉄採取が盛んで、下流には大量の土砂が運ばれた。「三角州」という地形用語は小学校の社会科地理の授業で習ったが、河口部で六つの支流（分流、派川）に分かれる広島市の太田川は世界的に見てもその一典型である。

軍事都市化した広島ならではの〝悲劇〟

広島城は天正一九年（一五九一）、毛利輝元が太田川の川中島の一つに築城した平城で、江戸時代には福島家（四九万八千石）、ついで浅野家（四二万六千石余）が入封《にゅうほう》して西国筋屈指の大城下町となった。

〝暴れ川〟太田川の河口三角州にあるこの城下町は、江戸時代にはしばしば洪水や高潮に襲われた〝災害の町〟だった。

明治維新後、広島は近代的軍事都市として歩み始める。明治四年（一八七一）七月一四日の廃藩置県の翌八月に軍制は東京・大阪・鎮西・東北の四鎮台制になったが、広島にはその鎮西鎮台の第一分営団が置かれ、明治六年、六軍管区制により第五軍管広島鎮台が設置され、さらに明治一九年一月、広島鎮台は第五師団に再編された。

明治二七年（一八九四）八月一日、日清戦争が始まると当時、山陽鉄道の終点だった広島駅と完成したばかりの陸軍専用港の宇品港は国内最前線の兵站《へいたん》基地として機能した。

同年九月一三日、戦時の最高統帥機関である大本営が広島に移転、その翌一〇月には西練兵場に仮設された議事堂で第七臨時帝国議会が開かれた。天皇と政府機関および政府首脳が広島に集結、広島は〝臨時首都〟として機能した。

その後、第二次世界大戦終結まで、広島は大陸・南方に展開する日本陸軍の軍都として機能し続け、沿岸部には軍需工場や重化学工場が集中立地した。そして昭和二〇年八月六日、世界で初めて原子爆弾の被爆地となった。

戦後の復興の果てに

戦後、広島市の復興は目覚ましかった。私は昭和二八年一一月、小学校の修学旅行で広島を訪れた。前年のサンフランシスコ講和条約発効により連合軍による日本占領は終わっていたから、私たちの〝広島修学旅行〟はそのもっとも早い例の一つになるだろう。

夜中に岡山駅で修学旅行用に寄せ集めた客車に乗り（近在の別の学校三校と相乗り）、貨物列車のダイヤを縫いながら六、七時間かけて早朝に広島駅に着いた。駅から歩いて福屋デパートの屋上を借りて弁当の朝食を摂ったが、見下ろした広島市街はまだ焼け跡が点在して惨澹たる光景だった。

　だが、それ以後の復興は目を見張るものがあった。戦前は陸軍の前線の実務機能を主とする都市だったが、戦後は中国・四国地方の経済的中枢機能を持つ都市として大発展した。

　そして、昭和五五年四月、政令指定都市に昇格した。市街中心部はすでに戦後の復興事業により平和記念公園や幅員一〇〇mの平和大通りが整備されていたほか、大型公共施設や商業施設・業務施設が建ち並び、住宅は必然的に郊外に進出せざるをえなくなった。

　この状況は、広島市から東に二五〇㎞離れた瀬戸内海東部の兵庫県神戸市の場合とよく似ている。神戸は幕末の安政五カ国条約で開港場とされた地だが、背後に六甲山山地が迫り、平野部は狭小である。

　広島平野も、その面積は狭く、大部分は江戸時代以来の城下町や近代に進出した工場群が占めている。新しい住宅地は必然的に太田川や東の瀬野《せの》川の河谷、そして周辺の丘陵地に進出せざるをえなかった。

「緑の丘」の中腹は危険きわまる

高度経済成長期、急発展した広島市の新しい住宅地としては、市街中心部から太田川放水路を隔てた西郊の丘陵地が格好の候補地となった。

ところが、その新興住宅地が、平成二六年八月の惨禍の舞台となったのである。

丘陵地は、一般的に平地と比べれば地価は安い。宅地開発業者にとっては安い原価の土地を造成して高値で売れれば、利幅は大きい。鉄道駅からやや離れていても、高台は住宅地として好まれる。それには、次のような社会心理学的〝風潮〟が背景にあったはずだ。

戦後すぐ、まだ「焼け跡・闇市」時代の昭和二二年七月、NHKラジオ第一放送で菊田一夫作のドラマ『鐘の鳴る丘』が始まった。その主題曲が菊田作詞・古関裕而作曲の「とんがり帽子」で、「緑の丘の赤い屋根…」の歌声は、「青い山脈」などとともに戦後の雰囲気を見事に表わしたものだったろう。

丘の上は、実は住宅地としては必ずしも好適地とはいえない。近世の江戸では、山の手の丘（実は台地だが）の上は、人口密度が低かった。毎日の生活に欠かせない水が得られにくかったからである。

江戸開府当初、江戸城の西側に広がる台地上は、主として大名の下屋敷に充てられた。下屋敷というのは、今の概念でいえば、倉庫あるいは非常時のための資材置き場といったところである。住み込む者は皆無ではなかったが、下層家臣がごく少数住んでいたにすぎなかった。

武蔵野台地の上には、たとえば東京大学本郷キャンパス内の通称・三四郎池のような池が点在している。地下水脈が浅く、降水量が多いと遊水池は広がる。杉並区天沼などの「天沼」やマツボと呼ばれる低地がそうである。

そうした一画は住宅地にできるが、水の得にくい台地上は、承応年間（一六五二〜五五）に玉川上水が引かれて何不自由なく水が使えるようになるまで、多数の住民が住める場所ではなかった。

ところが戦後、水道が普及した社会になると、丘の上も山の斜面も住宅地にできるようになった。広島市安佐南区の阿武山の南東斜面は、かくて好ましい〝緑の丘〟となったのである。

地震で崩れた仙台市緑ケ丘

昭和五三年（一九七八）六月一二日、宮城県沖地震（M七・五）が発生した。この地震では幸い津波は起きなかったが、各地でブロック塀の倒壊、山の斜面で地滑りなどが発生、二八名の圧死者が出た。

この地震で、仙台市南部の新興住宅地の緑ケ丘地区（現・太白区）では地滑りが発生している。

この地は、両側の丘を削った土で埋め、均《なら》して階段状の宅地を造成した所であった。その中間の土を寄せて埋めた部分が、地震の揺れで一気に崩れたのである。

昭和五四年一二月刊の『角川日本地名大辞典　宮城県』では、地誌編の仙台市緑ケ丘の項目で、「戦前、亜炭が採掘されていた地で、陥没の恐れがあり、一部急斜面では豪雨時に崖崩れの危険もある」と明記している。ただし、地震の発生と辞典の刊行時期には約一年半の時差があるから、おそらく辞典の記事は地震・地滑り発生後に後付けで書き加えられたものだろう。

この地区の宅地開発は昭和三〇年代半ばから始まったが、民間業者だけでなく県の住宅供給公社などの公的機関も関わっていた。地滑りを起こした部分はその公的機関が売り出したもので、安易な造成方法で売り出した官の「想像力欠如」もはなはだしいが、「緑ケ丘」の名に惹かれて買った住民のほうも問題なしとはいえない。

政令指定都市の「緑区」、全国の市町村内の「緑町」も同じだが、この「緑ケ丘」は要注意の地名である。私が住む埼玉県上尾市にも緑ケ丘があるが、ここは国道一七号に沿った大宮台地上で、台地の上の一画を「緑ケ丘」と称することの是非はともかくとして、まあ危険性は小さい所ではある。

危ない山、危ない川

この広島市安佐南区の土砂災害と地名との関連を述べるには、まずその南東斜面で無数の土石流が発生した阿武山の名を挙げなくてはならない。阿武山のアブとは、そのものズバリ「危ない山」のことである。

阿武山は南東斜面が急で、北西斜面がなだらかな傾動地塊をなしている。活断層研究会編『新編日本の活断層』三二二ページを開くと、そこには広島市街西方に己斐《こい》断層（次ページ図の14）が南西―北東方向に約八km延び、その先で断層線は一〇kmほど空白で、さらにその先は太田川支流の三篠《みささ》川右岸沿いに上根《かみね》断層（次ページ図の4）が三次盆地方向にさらに一六kmほど延びる。

実は二つの断層（己斐断層と上根断層）は一続きのもので、今回の土砂災害の被災地になった新興住宅地が先に開発されていたので、掘削などによる断層調査が後手に回った部分ではないのか。

過去に何度も地震が起きていたならば、地盤はさらに脆くなっていたとも考えられる。

各地にある危ないアブ山

同じ「阿武山」と表記してアブヤマと読む山（標高二八一m）が大阪府茨木市と高槻市の境にあるが、こちらは六甲山腹に刻まれた有馬―高槻構造線に含まれる馬場断層線が走っているから過去に崩壊したことがあったのかもしれない。

また山口県北東部の阿武山地は十種《とくさ》ヶ峰（標高九八九m）を中心とする溶岩台地で、

広島市安佐南区付近内活断層

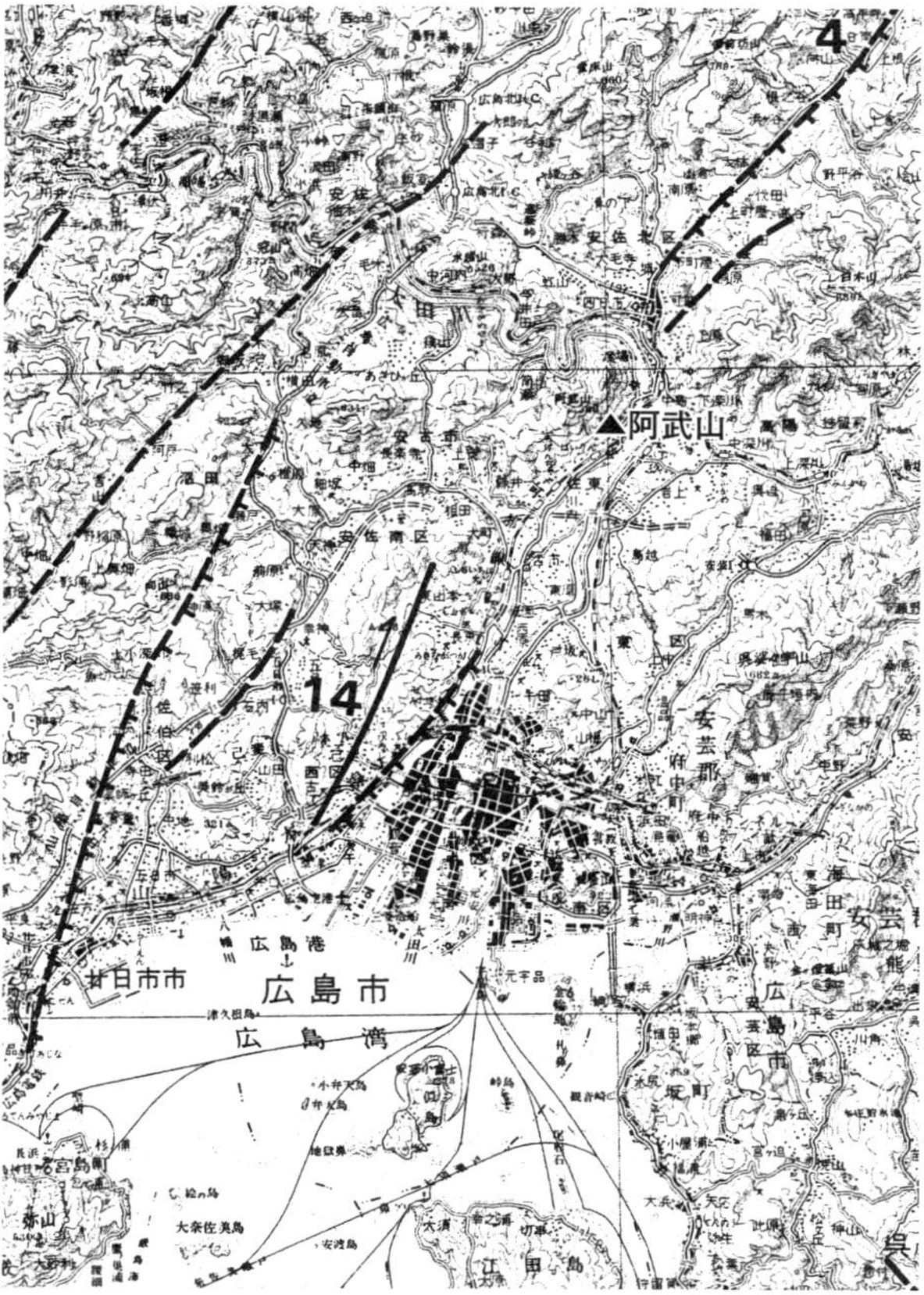

『新編日本の活断層』（東大出版会、1991 年）より
活断層No. 4：上根断層
活断層No. 14：己斐断層

脆い玄武岩質土壌は崩れやすく、水害や土砂災害がしばしば起こる。

ほかに用字は異なるが、静岡県安倍川の源流は「日本三大崩れ」の一つに数えられる大谷崩れの地であり、安倍川流域は浸食と土砂堆積が顕著で、駿河湾に大量の土砂を流出することで知られる。

静岡市清水区の三保の松原の砂嘴《さし》は安倍川が運んだ土砂が堆積したものと説明されている。だが、駿河湾の湾岸流は恒常的には反時計回りのはずで、三保の松原や湾奥東部の大瀬崎《おせ》は駿河湾トラフを震源とする地震・津波で一気に土砂が運ばれたものかもしれない。

「大瀬崎」をオオセではなくオセと読むのも、川の決壊個所を「砂押」・「押切」と呼ぶのと同じく「天然自然の大きな力で押された」意の可能性もある。

神奈川県丹沢山地の大山（標高一二五二m）は別名を阿夫利《あぶり》山とも雨降《あふり》山ともいうが、このアフリ・アブリも同類の「危ない」という意の山名と見てよい。丹沢山地はやはり断層によって形成された山地で、山体は急峻で脆く、ちょっとした集中豪雨で人的被害を伴う水害・土砂災害が頻発する地でもある。

ほかに全国には「虻山《あぶ》（峠）」とか「鐙山《あぶみ》（峠）」などアブ系の山名が散見されるが、いずれも要注意の山とみなしてよい。

なお東北地方の阿武隈山地はこれらのアブとは別語源で、宮城県亘理《わたり》町逢隈《おうくま》の大字名による。アフ・クマとは河川の淡水と海水が出合う潟湖状の曲流した汽水域を表わした地名で、これを明治以降、「阿武隈」と表記し河川名と山地名に転用したものである。

大字《おおあざ》「八木」とは、どんな地名か？

平成二六年の広島市土砂災害では、安佐南区のうちでも八木地区の被害が一番ひどかった。「八木」という地名については、私は三五年前に共同編纂した『古代地名語源辞典』以来考え続けてきた。

平安前期の承平年間（九三一～九三八）に成立した百科事典『和名抄』国郡郷部には「八木」郷が四カ所あり、ほかに「養耆《やぎ》」郷・「養宜《やぎ》」郷が各一カ所載る。また、安芸国佐伯郡に養我郷《やがのごう》があるが、これは「養義《やぎ》」の誤記とされ、今回の被災地である広島市安佐南区八木に比定する説が有力である。

ヤギ地名は、古代部民制の矢矧《やはぎ》部に関連する地名とする説もあるが、私はごく素直に解釈して焼畑系の地名とみるのが妥当かと思う。

古代の土地区画制度としては、奈良時代に施行された条里制が知られる。だが、条里制施行以前にも、地域によって異なるがざっと千年から千数百年もの間、この列島においては水田稲作が続けられてきた。

水田稲作には、水田のほかに基肥《もとごえ》・堆肥原料にする草や木の葉を採取する雑木林・山林・採草地が欠かせない。

先の『古代地名語源辞典』編纂のおり、私は学生時代に何度か訪れた奈良県明日香《あすか》村の近くに近鉄大阪線大和八木駅・同橿原《かしはら》線西八木駅（ともに橿原市）があったことを思い出していた。

橿原市八木は、古代藤原京の宮域内か、それに近接する地に当たる。橿原市のヤギ地名の文献上の初出は平安末期であり、奈良盆地の中央部で焼畑なのかと訝《いぶか》しく、当初は違和感が強かった。

だが、人間はいつの時代でも、米だけを食しては生きていけない。野菜を栽培し、山菜を採取しなければならないが、その場所は山や丘、そして未開墾地として残されていた野原だったはずである。

条里制で整然と区画された水田で栽培された米は、古代には租、中・近世にはまずは年貢を納めるためのものであった。各時代の農民は、貢納後の余った米のほか雑穀や野菜類を自給して生き延びるしかない。いや、稲作にとっても、焼畑・焼山で得られる灰は必要不可欠の施肥材料であった。

奈良県橿原市八木は、大和三山の耳成《みみなし》山までは一・二km、畝傍《うねび》山へは二kmしか離れていない。『万葉集』ほかの古代歌謡には野焼き・山焼きの歌が数多く詠まれているが、単に害虫駆除の目的だけではなく、焼畑耕作を伴う農作業の一つでもあったはずである。

平野や海岸近くでも焼畑は行なわれた

私は岡山県児島湾口近くの漁村（現・岡山市南区阿津）で生まれたが、小学校二年生の冬の土曜日、祖母に連れられてわが家から一・二㎞ほど離れたムラヤマ（江戸時代の村共有林、明治以降は登記上では村有林とされたが、実態は大字共有林）にタテヤマ（共同伐採作業）に出ていた祖父と両親の昼食を届けに行ったことがあった。

村人数十人が集まって昼食の弁当を開いていた場所は北向きの急斜面を囲うように延びた西側尾根で、壁に立てかけたスコップの腹のように抉れた地形だった。私はそのとき、顔見知りの小父さんを見つけ、「この山はどういう名前なのかナァ？」と訊ねてみた。と、近くにいた別の小父さんから「そこのテッペン（頂上）がヤキョーじゃ」と答えが返ってきた。

ヤキョーとは聞きなれぬ言葉で、異国語起源かとも疑われた。が、この疑問は平成六三年に地名情報センター刊の小冊子『日本の山の名』をまとめる段階で、ヤキ（焼）ヲ（凸で峰・山のこと）が長音化した地名とすぐ気づいた。「焼山」とはすなわち、「焼畑（をする）山」のことである。

私の郷里のムラは岡山城から南東に約一一㎞、広島市安佐南区八木も広島城から北西方向にほぼ同距離に位置する。わがムラは戦国期まで瀬戸内海航路の要港だった

(近世以降は約四㎞南東の児島湾口で瀬戸内海航路の幹線ルートに繋がる)。一方、広島市安佐南区八木も、太田川本流と支流・三篠《みささ》川の谷に分岐する交通の要衝であった。

江戸期の戸数はわがムラが二八〇戸前後に対し、八木は三六一戸でやや大きいが、交通機能を持った集落の常で双方とも非農家がかなりの比率を占めていただろう。ということは、耕作する田畑を持たない住民は山林など村内の共有地を焼畑耕作し食糧を自給したはずである。村役人も領主も、村社会の秩序を維持するため、それを黙認するしかなかった。

江戸時代は、野蛮な封建社会と思われがちだが、支配層の武士階級や村方役人の不正は厳しく罰され、庶民とくに貧民には現在の〝福祉〟に相当するような配慮がなされていた。

焼畑用地では土壌崩壊が頻発する

焼畑慣行については、江戸中期の寛政年間(一七八九～一八〇二)、上野《こうずけ》高崎藩の郡奉行・大石久敬《ひさたか》が著した『地方凡例録《じかたはんれいろく》』で触れられているが、明治期以降は柳田國男・千葉徳爾《とくじ》ら民俗学者によって精力的に研究が続けられてきた。その研究成果により、焼畑慣行はもっぱら九州・椎葉村や各地の五箇山《ごかやま》など山深い山村だけで行なわれたと解されてきた。

だが柳田自身も指摘しているが、実際は比較的近年まで平野部近くの各地で行なわれていたらしい痕跡が、ほかならぬ地名から読み取れる。

前述した奈良県橿原市八木の例もそうだが、ヤギ地名は山奥には限らない。淡路国三原郡養宜郷は現在の兵庫県南あわじ市八木に比定できるが、この地は淡路島最大の平野である三原平野に位置する。古代から焼畑耕作が行なわれてきた地か、あるいは木灰採取のために火入れした地かのどちらかであろう。

焼畑関連地名は「八木」だけではない。中村慶三郎『名立崩れ』（風間書房、昭和三九年）によれば、九州に多いコバはじめ全国のソレ・ソウレ・アハ・アラシなどは焼畑地名であると同時に、また地すべりなど崩壊地形とその結果として形成される緩傾斜面を示す用語としばしば共通する、という。

これらの焼畑地名・崩壊地名のうち、コガは九州北西部の佐賀・福岡・長崎・熊本四県に集中分布する特徴的な地名群だが、福岡県古賀市古賀は玄界灘に面する海岸平野で、けっして山奥ではない。

焼畑耕作には、過去に地すべりなどが発生した跡地や崩土の緩傾斜面などが最適地であり、またその緩傾斜面の草地や灌木林を焼き払った跡地に鍬を入れると、その土地はさらに崩れやすくなる、という因果関係になる。焼畑用語と崩壊用語が共通しやすい由縁である。

八木地区における山林慣行

安佐南区八木地区の小字一覧には、必ず焼畑関連の小字が含まれているに違いない、と考えていた。だが、『角川日本地名大辞典　広島県』巻末の「小字一覧」には現・安佐南区八木の部分は記載されていない。

そこで国会図書館で『佐東町史』（合併後の昭和五五年、広島市刊）を検索してみたが、小字一覧の項目はなかった。その代わりに、江戸期の八木村・緑井《みどりい》村・温井《ぬくい》村・中調子《なかじようし》村の村絵図が載っていた。

だが手書きのままで、しかもA5版一ページに二村分を併載してあるので、文字はとても読み取れない。八木村の場合、地図中に五八の字名の数があることは、かろうじて読み取れた。

ただし、この『佐東町史』には、「山林制度」という節があり、その記事からは広島藩は藩が直接管理する「御建山《おたて》（断て山の意か）」のほか、村有の「御留山《おとめ》」、個人持ちで樹木のない「野山・草山」と個人所有の林地の「腰山《こし》」に区分し、いずれも樹種を限定して勝手な伐採を禁じていたらしい。

享保一〇年一〇月の「八木村お山帳」には一〇〇余の山字名が記載されており（同じ名の重複例もある）、その中には「苅はた」・「苅屋はた」・「大はた」・「上はた山」・「長ばた」など焼畑関連と思われる山字が散見される。

同書によれば、八木村は他村からの入百姓が多く、農地が細分化されていて本百姓の石高（耕作反別に比例する）も総じて少ないという。

その分、山林を開墾し、焼畑を行なうことも多かったのではないか。享保年間にはもう焼畑は禁止されていたか、廃止されていたかもしれないが、農民にとっては将来起きるかもしれない災害よりも、今日の食糧確保のほうが優先する。

つまり、藩当局の山林保護政策はあくまで建前であって、実態は焼畑を黙認していたのではないか。その一つの証拠として、『日本国語大辞典』（小学館）の「たてやま（立山）」の項には、「①狩猟、伐採などを禁じた山。②薪炭材などを立ち木のまま売買すること」という説明に加え、方言用例として「集落共同で仕立てている山林」とか「集落共有の薪山」、「薪を切り取ること」などの例を挙げている。

古代郷名にも災害地名があった

八木地区の南に接する緑井地区も、今回の土砂災害で大きな被害を受けた。この緑井は『和名抄』国郡郷部に記載のある安芸国佐伯郡の郷名である。

私もコメントを求められた週刊誌の特集記事で、地元の地名研究者は『芸藩通志』（文政八年＝一八二五年刊）に「山の麓に古き井あり。……水きわめて清らにして……」とある説をそのまま紹介している。江戸後期の地元知識人の説をそのまま追随するのでは、地名研究とはいえないだろう。

色名のミドリ（緑）とは、どういう意味なのか。語源には諸説あるが、その過半はミヅ（水）と関連づけて説いている。また、地名の井とは、河流を堰き止める施設を井・セキと呼ぶように「川、水流」のことである。各地に二〇カ所ほどある「大井川・大堰川・大猪川」は「大きな井戸のある川」では景観的に絶対矛盾になってしまう。

吉田東伍『大日本地名辞書』は、八木村も緑井郷のうちとするが、同書が引用する「厳島《いつくしま》文書」にはこの緑井郷をひらがな書きで「みどろいがう」と記している。すなわち、緑井とは本来、「水泥井」という地名ではないか。

古代の国郡郷制施行より前のある時期、今回と同様の土砂災害に襲われた。地元の人たちは水と泥が混じった恐怖の記憶が忘れられずに地名として呼び続けたのであろう。その「水泥井（川）」を「緑井」と好字《こうじ》で表記したのは中央の官人だろうが、地元の人たちは「厳島文書」にあるように、その本義を後世も忘れなかったのである。

Ⅷ

江戸前期、熊沢《くまざわ》蕃山《ばんざん》の先見の明

――昭和九年九月、岡山市大水害

瀬戸内海沿岸は寡雨地帯の典型だが……

私は昭和一六年、岡山県児島湾岸の村に生まれた。大学でも社会人になった東京でも、生地は児島湾岸と伝えると、十人が十人、「ああ、あの干拓と機械化農法で有名な……」という反応が返ってきた。

「いや、干拓地側ではなく、対岸の児島半島側ですよ」と答え、相手次第では、「わが村は古代からの漁村で、中世から現代までの干拓で漁業権を奪われ、浅海定置網漁業を壊滅させられたほうの村です」と付け加えた。

その定置網漁村（「大漁師」と呼ばれた網元は三十数軒あった）ながら、わが家は自作農であったが、農繁期以外は代々、網元に雇われた網子《あみこ》として働いてきたはずである。網子には日々の給金のほか、漁獲物の割り前があり、雑魚《ざこ》の類《たぐい》ながら朝食から煮魚を食するような食生活だった。

岡山市の年平均雨量は一一〇〇㎜前後で、その岡山市街から一〇㎞以上南の、とくに児島半島南岸は年雨量九〇〇㎜以下で、日本列島屈指の寡《か》雨《う》地帯であった。児島半島の村々はほとんど溜池灌漑に頼るが、春先には毎年のように近隣のどこかの村で山火事が発生した。

消防団員として出動する父は、「ああ、また付け火か」と嘆いていた。溜池の上流側の山林を焼き払えば、本来なら草木に吸い上げられる水が、そのまま池に溜まる。延焼の危険もあり、翌年以降の水の確保や環境保全という面から見れば、あまりに短絡的な行動であった。

だが、その年の目前に迫った田植え用の水を確保するため、農民は、とくに貧しい農民ほど、切羽詰まった行動に走る。〝禁断の一手〟であるとともに、〝窮余の一策〟だったのだろう。

児島湾にも濁流が押し寄せてきた

私は、高校三年の五月まで生地で過ごしたが、物心ついた昭和二二年ごろから同三四年までの一二、三年間で、目の前の児島湾の海面に濁流が押し寄せる大洪水を、二度か三度か目撃した。太い丸太が何本も流され、民家か納屋か住宅か、茅葺《かやぶ》き屋根の家屋が激流に浮かんで流されてゆく光景を、今でもありありと思い出す。

大雨が降り出水すると、父は「新田村の百間川《ひやっけん》を耕作する百姓は、今年は生り物《なもの》なしか」と心配していた。後述するように、百間川は旭《あさひ》川の洪水時の臨時放水路で、平年は近在の農民が国から借地して稲作をしているが、洪水になれば収穫は皆無に帰す。

それでも父は、「まあ、昔なら年貢は免除されるし、今なら地代はタダになる。共済（農業共済保険）の対象にもなる」と言い添えた。

旭川・吉井《よしい》川の洪水は、児島湾にも押し寄せてきた。とくに印象に残っているのは、町内の漁師の小父さんが激流に舟（焼玉エンジン付き）で乗り出している光景だった。大人の腕でたっぷり一抱えもありそうな丸太に鉄楔《くさび》を打ち込み、ロープで牽引して波止場に引き上げる。そして、ペンキで自家の名前か「○○丸」という舟の名を大書していた。

そのとき、「流れ物は拾い物」と聞かされた。無主の財物は拾った者の所有物になる、という陸上の拾得物の原則が海の漂流物にも適用される、ということだったのか。陸上での拾得物の場合は、通常、警察に届け出て、何カ月間か本来の所有者が名乗り出なければ、初めて拾った者の所有に帰するはずだが、海上の場合はまた別のルールがあったのか、どうか。

生き延びた仔牛「元気くん」

平成一〇年（一九九八）一〇月一八日、埼玉県に住む私は仰天すべき郷里のニュースに接した。台風一〇号のため岡山県北部の津山《つやま》市で洪水が起き、同市の牧場で飼育されていた生後六カ月の雄の仔牛が吉井川筋から児島湾へ、そして瀬戸内海に浮かぶ牛窓《うしまど》（現・瀬戸内市）沖の黄島《きじま》に生きて流れ着いた、というのである。

吉井川が児島湾に注ぐ河口は私の生地より二km東北東であり、児島湾口まではさらに南に二km、湾口から牛窓沖の黄島までは東に約一〇kmあり、牧場から島まで延々九〇kmもある。この仔牛は地元では「元気くん」と呼ばれ、奇跡の生還として話題になったという。

私は、昨今の官民挙げての〝ゆるキャラ〟ブームには、おおむね眉《まゆ》を顰《ひそ》めるタイプの人間である。だが、災害にもめげず生き延びた仔牛の「元気くん」には無条件で感動した。

ネット情報によれば、この「元気くん」は同年生まれの仲間の仔牛の中ではひ弱で、人間の子供に喩《たと》えれば「いじめられっ子」的存在だったから、一頭だけ別囲いの施設で飼われていた、という。

それが幸いして、彼だけが水流にうまく乗り、海まで流されたらしい。他の仔牛たちは濁流にもまれて逃げ出せず、牧場で溺死《できし》したという。

この物語は、人間社会にも十分、教訓になる話ではないか。

なお、海の塩水の中で哺乳動物が生存できるのか、という疑問に対しては、私は幼時から湾内の海況をつぶさに見てきているから、「十分に可能だ」と回答できる。児島湾内には東から吉井川・旭川の二大一級河川のほか、今は児島湖となった湾奥には倉敷川《くらしき》（一級河川・高梁川《たかはし》の分流）のほか二級河川・笹《ささ》ケ瀬《せ》川などが流入していた。

つまり、湾内の海面は、とくに干潮時は海の表面はほとんど比重の軽い淡水が覆っている。だから、陸上の哺乳動物でも数時間は優に延命できるのであった。

戦前の岡山大洪水の昔語り

話を子供のころに戻すと、そんな大荒れの海の話をその日の夕食後、家族に話すと、祖父も父も口をそろえて、「いやぁ、戦争の前には、もっとひでぇ大洪水があった。新田（わが村から三、四㎞対岸の沖新田のこと）はあらかた水浸しになったし、岡山の中心市街も至る所が泥だらけになった……」という。

私には、半信半疑の話だった。昭和一六年生まれの私にとって、その七年前の災害の記憶などあるわけがない。

昭和二〇年六月二八日深更のアメリカ軍機による岡山空襲は、祖父の背に負ぶわれてわが家から五〇ｍの波止場から眺めたと聞かされたが、満四歳と五日だった私には、その記憶もまったくない。

岡山城からわが村まで直線距離で一一㎞、瀬戸内海航路の木造客船（五〇トン、または七〇～八〇トンの、いわゆる巡航船）で湾内を西に三・五㎞ほど、さらに旭川河口から八㎞余り遡って、岡山城の南約六〇〇ｍ下流の京橋（船着場はそのすぐ下手にあった）まで一時間内外（潮の干満によって所要時間に差がある）で達する。

その船便を利用して、幼時から母のお供で盆・暮れの買い物、家族揃って春や夏の博覧会見物などに何度も出かけていた。小学校高学年になると、友人連とあるいは一人で街に遊びに行ったこともあった。

その岡山市街中心部が洪水に襲われたなど、とうてい想像できなかった。その大災害は、昭和九年（一九三四）九月二一日早朝に四国・室戸《むろと》岬付近に上陸した「第一室戸台風」によるものだった。そのことは、昭和三六年（一九六一）九月一六日、やはり室戸岬西方に上陸した室戸台風（第二室戸台風）で知った。

私は、昭和三五年から京都で大学生活を送っていた。九月中旬には確実に京都にいたが、京都で大きな被害があった記憶はない。

ただ当時の新聞各紙は、大阪湾岸一帯で高潮による大被害が出ていることを詳細に伝えていた。そして、その「第二室戸台風」という呼称から、戦前の昭和九年にも同様の経路をたどった第一室戸台風があり、どうやらこの台風で郷里・岡山で大きな被害があったらしい、と気づいたのである。

第一室戸台風による大災害

先にも述べたが、瀬戸内海沿岸、とくにその中部の香川県・岡山県南部・広島県東部あたりは、日本列島でも有数の寡雨地帯である。ただし岡山県では、東から吉井川・旭川・高梁川の三大河川が流れるが、いずれも県北の中国山地を水源とする一級河川である。

中国山地は冬季の積雪もかなりあるし、山陰地方沖を大型台風が通過すれば、南から吹き付ける湿風のため時に相当量の雨量を記録する。現在の岡山県下にあたる備前・備中・美作《みまさか》三国は、江戸時代にも数十年おきに水害に見舞われていた。

同じ瀬戸内海沿岸でも香川県の場合、河川はいずれも中小規模で流路もごく短く、讃岐《さぬき》山脈の北斜面ではほとんど大雨は降らない。逆にそのため、毎年のように渇水に悩まされ、南隣りの徳島県の吉野川水系のダムから給水を受けなければならなくなっている。

この昭和九年の室戸台風は、とくに大阪湾岸では最大瞬間風速六〇m／sを超す暴風、四mを超す高潮に襲われ、流出した木材・資材や機材によって民家や工場群、小学校の校舎などが軒並み倒壊、壊滅状態に陥った。大阪湾岸に台風が再上陸したのは九月二一日朝で、登校途中の児童・生徒多数が犠牲になった。

岡山県北部の中国山地は、この第一室戸台風の進行方向の左側に当たり、通常ならば雨量はそんなに多くならないはず。ところが、この台風は室戸岬付近に上陸したときの気圧は観測史上最低の九一二hPaで、半径六〇〇㎞を超す暴風域を伴っていた。あるいは、沖縄本島~奄美大島の東方沖を進行中に、すでに中国・四国地方は豪雨域に含まれていたのかもしれない。

九月二〇日~二二日の累計降水量は、台風の進路に対して左側に当たる大分市で三五四・九㎜に達している。岡山県下でも旭川上流の湯原温泉で三三〇㎜を超えた。各河川の源流・上流部でも橋梁や民家が流出、溺死者が続出するなど甚大な被害が出たが、その膨大な量の水が半日経《た》つと下流に押し寄せてきたのであった。

この水害で岡山市街はあらかた水没したが、当時の内務省が設置した浸水水位標識では、現・岡山市北区丸の内二丁目の中国銀行本店角（標高六・一三m）で道路面から一・六〇m高、北区中山下一丁目の旧・岡山電話局角（標高四・六一m）で二・三〇m高に達したという。

熊沢蕃山の荒手堤が市街を救った

この昭和九年の岡山大水害では、山陽本線の旭川鉄橋の北東約一㎞に設置されていた荒手《あらて》堤が市街全域の壊滅を防いだ。荒手堤とは、旭川左岸の二カ所で計一〇〇間（約一八〇m）にわたり、前後の堤防より一尺（約三〇㎝）低い仮堤防としたもの。これにより、溢水しそうになった水を左岸側の放水路・百間《ひやつけん》川に導き、右岸から城下町に流入するのを防止する目的であった。

承応《じようおう》三年（一六五四）旧暦七月一八日、備前・備中・美作三国に大洪水が発生、禄三〇〇〇石の番頭《ばんがしら》だった儒者・熊沢蕃山《くまざわばんざん》の進言により、旭川左岸の洪水時用放水路として百間川整備計画が策定された。この施策は部分的に改修が重ねられ、全施設が完工したのは三三年後の貞享《じようきよう》四年（一六八七）のことという。

百間川は今でも現存し、低水路が掘削されて活用が図られているが、周辺は都市化が進み、もはや放水路としての万全の機能は期待できない。

なお、作家・随筆家の内田百閒《うちだひやっけん》は、私が卒業した高校（旧制岡山中学・同一中を含む）で唯一、尊敬できる先輩であるが、その生家の酒造家は岡山城跡の対岸（旭川左岸）の古京町《ふるぎょう》にあった。百閒の本名は栄三、生家から一・七km先に掘削された百間川の名を採って筆名としたものである。

「この町は先が見えない」昼提灯《ちょうちん》の伝説

熊沢蕃山については、〝近江聖人〟こと中江藤樹《なかえとうじゅ》に師事したため明の王陽明《おうようめい》の系譜を継ぐ学徒とみなされてきたが、朱子学・陽明学、のちの心学いずれの立場とも微妙に思想を異《こと》にしたらしい。むしろ、時勢の要請に誠実に対応しようとした経世家《けいせい》であり、江戸期には稀《まれ》なリアリストとみるべきだろう。

私は幼時から、「昔のお侍さんには偉い人がおられた」と聞かされてきた。わが村は児島湾南岸の定置網漁業の村で、わが家は代々自作農だが、祖母は湾口の小集落の小漁師（網元でなく普通の漁家）の家の生まれだった。

児島湾とその周辺では、定置網漁業権を持つ漁家が〝大漁師〟で、刺し網や底引き網など一般の漁法で稼ぐ漁家が〝小漁師〟だった。小漁師は定置網の盛漁期には大漁師の作業を手伝うが、隷属身分ではない。

祖母から聞かされた話は、岡山藩主・池田光政《いけだみつまさ》公が沖新田の開発計画を樹《た》てたとき、熊沢蕃山という偉いお侍が、「児島の海は宝の海じゃあ。これを陸《おか》にしてしもうたら、せっかくの宝が未来永劫に死んでしまう」と、猛反対して職を辞し、昼間なのに下男に提灯を掲《かか》げさせて、「この町は先が見えぬ。昼でも真っ暗じゃぁ」と喚《わめ》いて城下の大通りを堂々と退去したという。

熊沢蕃山は寛永一一年（一六三四）、一六歳で岡山藩主・池田光政に出仕し、同一五年（一六三八）、二〇歳のときいったん致仕《ちし》し、近江国桐原《きりはら》の祖母の生家・伊庭《いにわ》家へ帰っている。のち中江藤樹の門を三度叩き、寛永一九年（一六四二）に入門を許された。正保四年（一六四七）、二九歳で岡山藩に三〇〇〇石のお側役《そば》として再出仕した。のち禄三〇〇〇石の番頭《ばんがしら》に出世、承応三年（一六五四）の備前大洪水以来、治山・治水策を進言し家中で一目置かれる存在となった。

明暦二年（一六五六）、三八歳のとき藩主・光政公の第三子・主税《ちから》を養子とし、自身は封地・和気郡《わけぐん》蕃山《しげやま》村に隠棲した。のち京都・吉野・明石・大和郡山・豊後岡・下総古河などで国政・藩政を論じ、古河で著した『大学或問《だいがくわくもん》』が幕府の禁に触れ、同所で蟄居《ちつきよ》の身となった。元禄四年（一六九一）、七三歳で古河にて客死する。

この経歴を参照してみると、明暦二年に池田光政は児島湾東部の邑久《おく》郡地先五六〇町歩余の幸島《こうじま》新田干拓を計画しているが、熊沢蕃山はこのとき異論を唱えて蕃山村に隠棲したものであろうか。ただ、蕃山は致仕にさいして光政の三男を自身の養子に迎えているから、藩主・藩論と決定的に対立したわけではあるまい。

私は高校時代、「昼提灯」の話は地理の授業でも、歴史学の知り合いの先生からも聞かされた記憶があるから、あながち臆説ではあるまい。

岡山での一般的通説では、「干拓政策を進めると、旭川・吉井川の排水が悪くなり、水害の危険が増す」という理由からとされ、漁場を奪われる側のわが村の論理とは大いに異なる。あるいは急速な干拓推進政策に対し、藩内の世論として危惧《きぐ》の念が広く存在していたのかもしれない。

その場合、「昼提灯」の話は、藩政批判の急先鋒として熊沢蕃山の名を借りて、「伝説」として語り継がれてきたのかもしれない。この件は、〝大規模開発〟への反対論として現代にも通じるところがある。

原始河川としての旭川

岡山城は旭川右岸の石山《いし》（標高一九ｍ）を中心に、その東の岡山と北側の天神山《てんじん》の丘陵地に築かれた平山城《ひらやまじろ》であった。西の石山には南北朝期〜戦国期、地方土豪によって砦《とりで》が築かれていたらしい。本格的な築城は戦国武将・宇喜多直家《うきたなおいえ》が石山城を東側の岡山に移し、天正元年（一五七三）に入城してから。旭川に臨む岡山山頂に天守閣が築かれて以降、この城は近世的な平城に分類されている。

宇喜多直家の子・秀家《ひでいえ》は、織田信長に従い備前・美作両国と備中東半分の約五四万石を安堵された。その領国のほぼ中央にある岡山城をさらに大々的に改築し、後の岡山城下町の基礎を築いた。

この宇喜多秀家の城と城下町造営のさい、旭川を城の東側を巡らせて防御線としたのだ、という。城とのちに造営される後楽園との間で旭川は鋭く屈曲して流れているが、昭和九年の大洪水ではこの屈曲部がネックになって市街地への大量溢水の一因となったと思われる。

次ページの地形図を見てほしい。先に述べた百間川の分岐点の中島村は、戦国期には御野《みの》郡に属したが、近世には上道郡に属した。岡山城の対岸には国の特別名勝・後楽園があるが、その北方に浜・原・西川原の集落名が見える。この三村は古来、備前国御野郡に属していた。その南東の国富村はずっと上道郡であった。

つまり宇喜多氏の大改築の前は、旭川は浜・西川原・東川原の東、国富の西を流れており、その旧河道が御野・上道両郡の境になっていたと推測できる。

いや、中世以前の旭川の流路は、岡山城の北東五㎞の龍ノ口山の西麓でいく筋にも分流して流れていたか、と思われる。

その西端に当たる分流は、現・岡山大学キャンパス内を東西に直線状の細流が流れるが、この流れを延長すれば二級河川・笹ケ瀬《ささせ》川に流入し、現・児島湖に注いでいたはず。

その東側には現・JR岡山駅の東側三五〇m地点を北から南に用水路の西川が流

旭川谷口の旧流路の想定

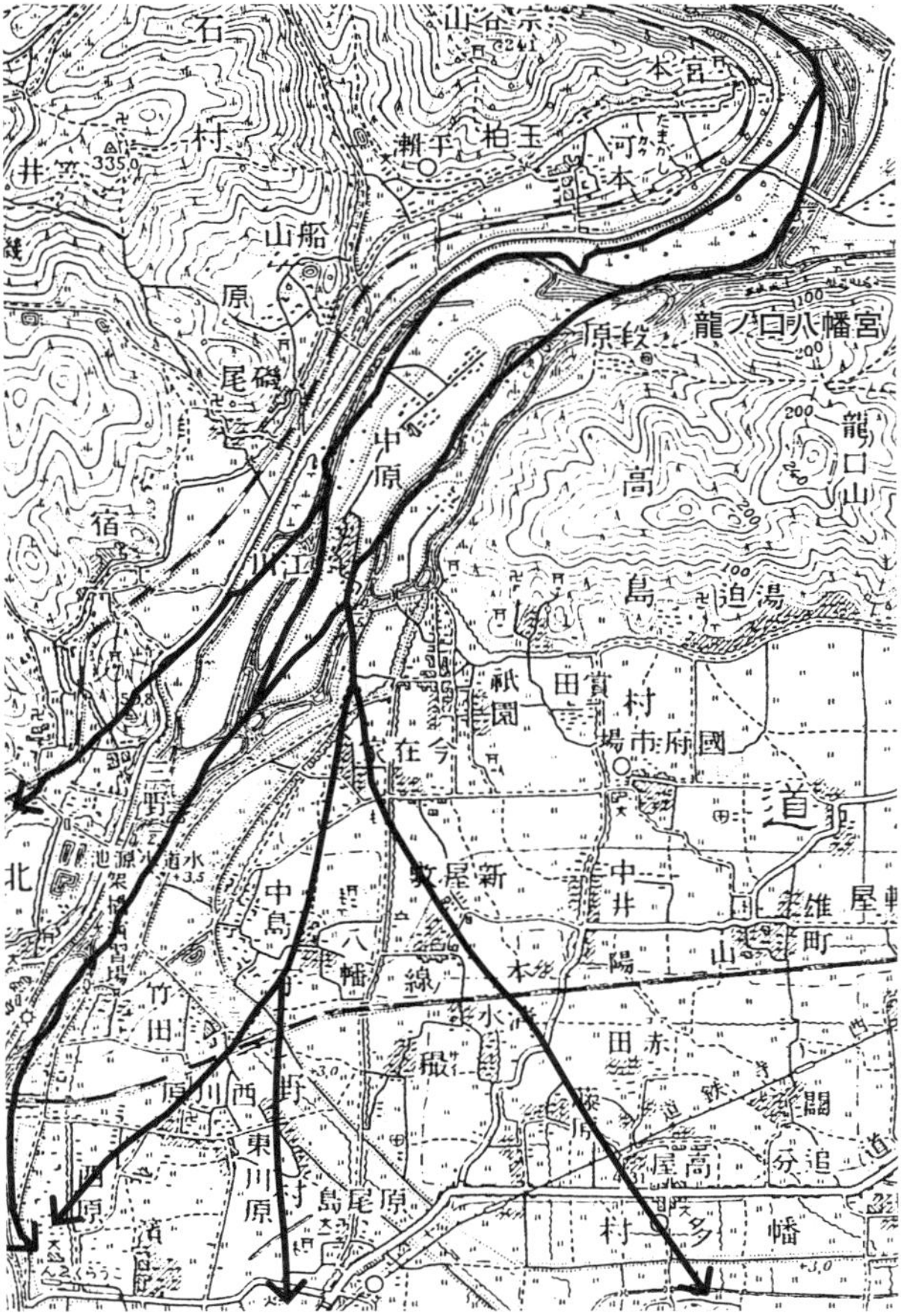

5万分1「岡山北部」(昭和4年)

れ、グリーンベルトを配した散歩道になっているが、この流路も往古の分流の跡かもしれない。

またその東三〇〇ｍの柳川筋は現在では岡山市街中心部のメインロードの一つだが、城下町時代は外堀に当たり、これも本来の旭川の分流筋の一つだったろう。

古代郡・郷名「御野《みの》」、郷名「出石《いずし》」の意味すること

このことは、古代の「御野」の郡・郷名と、同郡「出石」郷の郷名からも読み取れる。備前国御野郡は旭川右岸から笹ケ瀬川左岸の間の地、すなわち現在の旭川の川筋をほぼ東限とし、同じく笹ケ瀬川を西限とする地域に相当する。

これまで見てきたように、旭川の東岸にも中世あるいは近世まで御野郡に属した村があったが、それは戦国期に宇喜多父子による瀬替え工事が行なわれた結果、本来は御野郡だった村々が新しい旭川の川筋の東側、上道郡側に取り残された結果である。

つまり、備前国御野郡・郷とは「水野」の意で、旭川の水流に恵まれた稲作の最適地であるとともに、時に激しく出水する地でもあった。『日本書紀』応神紀二十二年

条に「三野県《あがた》」の名が載るが、県主《あがたぬし》や国造《くにのみやつこ》の名が先にあって地名が命名されたわけではない。

中山道の美濃国は、同国本巣郡美濃郷が原点であろうが、美濃国はのちに輪中地帯として大々的に水田開発される地域である。この地は南の伊勢湾から湿風が吹き付け、しばしば河川が氾濫する地でもあった。

ついでに指摘しておくと、備前国御野郡出石郷は岡山城下町の北半部に当たると思われるが、この「出石」郷は文字通り土石流に関連する地名である。古代の郡・郷名では但馬国の出石郡・郷があり、出石郷の遺称である出石郡出石町は、幕末、仙石《せんごく》家三万石の城下町だった。出石郡は明治以降も、兵庫県の郡名として続いた。

出石町の東側、京都府境に丹後山地があり、日本海から吹き付ける湿風が山地に吹き上げ豪雨を降らせる。明治以降も、円山川支流の出石川は何度となく氾濫し、洪水・土石流災害が発生している。

平成一七年（二〇〇五）四月、兵庫県出石郡出石町・但東《たんとう》町が豊岡市と合併して豊岡市出石町となり、郡名のほうは消滅した。

もう一カ所、美濃国山県《やまがた》郡に出石郷があり、現在の岐阜市北部の伊自良《いじら》川流域に比定する説と山県岩《やまがたいわ》地区とする説がある。いずれも、両白《りょうはく》山地の山裾が長良川の河岸平野に臨み、雨量の多い地である。

特別名勝・後楽園は遊水池に造られた

国の特別名勝・後楽園《こうらくえん》は江戸期の大名庭園の代表格で、水戸の偕楽《かいらく》園、金沢の兼六《けんろく》園とともに「日本三名園」の一つに数えられる。藩祖とされる池田光政から三代目に当たる藩主・輝政《てるまさ》の命により「菜園場」として元禄二年（一六八九）に第一期完工、のち藩主用の茶室・延養《えんよう》亭などが建てられ「茶屋屋敷」と呼ばれた。元禄一三年には池泉回遊式の大庭園が完成し、「後園」と呼ばれていた、という。

射撃場・演武場もあり、その実態は迎賓館と城の防塁を兼ねた施設だったのだろう。明治四年（一八七一）、「後楽園」と改名、同一七年、県所有の公園として一般公開された。

私が最初にこの後楽園に足を踏み入れたのは、いつだったたか。記憶に残っているのは、たしか小学校三年生（昭和二五年）か四年生（同二六年）で、季節の記憶はないが、博覧会巡りの途次だった。珍しく祖父に同行して、右岸の岡山城の城壁側から後楽園内下手へ、ドラム缶を並べた上に板を敷いた仮橋を渡った。このとき、祖父は、

「昔は、わしらの村の舟を並べての、舟橋にしたもンじゃが……」

と、呟いていた。昔というのは、明治一一年生まれの祖父の若いころなのか、それ以前の昔話を伝え聞いたものなのか。いずれにせよ、「なるほど、舟を並べて橋代わりにするから舟橋なのか」、と初めて知った記憶がありありと残っている。

以来、この公園には何度行ったことか。高校三年の進学寮にお世話になったころ、「夫婦岩《めおと》（陰陽石）」があるというので、同居していた友人らと〝探検〟に行ったこともあった。雄岩のほうは松茸形の姿ですぐわかったが、雌岩のほうは結局、発見できなかった。わが青春時代のたわいない一齣であった。

ところで、私がこの後楽園に足を踏み入れるたび、いつも案じたのは、この公園に洪水が押し寄せたらどうなるか、という心配だった。後楽園は、一つの川中島である。西岸は旭川本流が流れ、屈曲した川面《かわも》はゆったりと淀《よど》み、季節によってはカイツ

ブリの群れが浮かんでいたりする。この淀みは、岡山に住む若者らの格好のボート遊びの場だった。

東岸側は西側の本流の三分の一以下の川幅だが、点々と水溜まりが残る程度で、ほとんど水流はなかった。後楽園を一周する形で堤防がとり囲んでいるが、その堤防は旭川本流の右岸・左岸の堤防とは優に一m以上も低いと思われた。川が増水すれば、必ず公園側に水が入ってくるだろう。

後楽園の周囲を取り囲む堤防は、生け垣に囲まれて樹林帯や竹林帯が配されていたが、旭川の水位が上昇すれば水は当然、入ってくる。もし、そのとき遊覧客がいたなら、どこへ逃げればよいのだろうか――という、幼稚だが素朴な疑問だった。

昭和二〇年代、三〇年代の私はまったく知らなかったが、実は昭和九年の大水害では公園内の芝生が一面、深さ二mの泥水に埋まり、水が引いた後も泥土が四〇～五〇cmも堆積していたらしく、その復旧には一年半を要した、という（『角川日本地名大辞典　岡山県』）。

幼いころの私はそこまでの知識はなかったが、今から考えれば後楽園の敷地一帯は、宇喜多父子が築城した当初、遊水池として放置されていたのだと思う。城の防御という観点からすれば、庭園よりも遊水池のほうがはるかに効果的であろう。城の前面に幅二五〇～五〇〇mの遊水池があれば、東岸側からの攻撃はまず無理である。

龍ノ口山の位置とその意味

旭川が岡山平野に出る左岸に、龍《たつ》ノ口《くち》山（標高二五七m）が聳《そび》える。この山の北側山腹に鎮座する龍ノ口八幡宮は「受験の神」として近在の信仰を集めていたらしい。私の母は、私と二歳下の弟の高校・大学受験のときにお参りし、「お守り」を頂戴してきた、という。私自身は、その手の祈願とか縁起担ぎにはまったく無関心だったが、母が参拝するのは「まあ、物見遊山のうちか」と、ことさら反対もしなかった。

ただ、「龍ノ口」という山名・神社名については、当時から考えるところがあった。

東洋の伝統的方位観でいえば、「タツ（辰）」とは東南東を指すが、中世からの中心都市・岡山からは、この地は北東に当たり、まったく方位が合わない。この山を東南東に見る地点に、歴史的な要地はない。

そこで、いろいろ考えた末の結論は、旭川の流路が平野部に出る地点を「水を吐き出す龍の口」に見立てた地名ではないか、ということだった。龍ノ口八幡宮が、岡山平野を展望する南腹ではなく、旭川が平野部に流れ出る直前の谷間を見下ろす位置に鎮座することも、この解釈を裏付ける。

仏教では「龍」は水神の象徴とされ、各地の龍門山・龍王山などは「雨乞い祈願を行なう山」とされる。逆に、「水（水害）鎮め」の神でもありうる。

金毘羅《こんぴら》信仰も同じく水神信仰によるが、私の郷里の金毘羅山は私の先祖が山崩れに遭った地に近接するから、もしかしたら「水乞い」だけでなく、「水治め」の信仰に由来する例もあるかもしれない。

近年、洪水や土石流災害が起きると、専門家と称する学者がＴＶ番組に登場して、『蛇』がつく地名は水害を蛇が大暴れしたとみて呼んだもの」などと宣《のたま》う。大見当違いとはいわないが、幼稚な類推というしかない。

登山家は石がゴロゴロと崩れている地を「ザレ場」という。他ならぬ土木建築資材に関連する用語で「砂利《じゃり》」という用語があるように、ザレとかジャリ・ジャレとかは

「地面の（固く締まった状態が）崩れた状態」を意味する。

子供らや犬・猫がふざけ合うことを「ジャレている」というが、「常態を崩してふざけていること」がジャレである。

だから、「蛇」の字を使いジャと読む地名は、その土地が常態を崩した過去があったことを示していることは確かだろう。だが、「蛇」のつく地名を即「大蛇が暴れたようだから」と説明するのは、あまりに幼稚すぎる。日本列島には過去にも今も、暴れまわって土地を崩すような大蛇はいなかった。

出雲神話には「八岐大蛇《やまたのおろち》」の話が伝わるが、斐伊《ひい》川上流では古代から鉄穴《かんな》流しによる製鉄が盛んで、それに伴い流出した土砂により洪水が頻発したことに対する神話的表現にほかならない。

出雲平野は、その土砂の堆積によって西に開口していた宍道《しんじ》湖の西岸が埋め立てられて形成された。稲佐《いなさ》浜のイナとは、本来はヤ行のヨナ（淘）と同義で「ゆり上げられた」という意味である。米をヨネ・ヨナと呼ぶのは、水の中で何度も揺り磨いてから炊飯する食物であるからだ。

甦れ！　アユモドキ

旭川左岸は、中区祇園《ぎおん》付近からいく筋にも分流、あるいは各地の扇状三角州と同様、網目状流路をなしていたかもしれない。

この一帯は、滋賀県の琵琶《びわ》湖とともにコイ科ドジョウ目の国天然記念物アユモドキの生息域として知られる。アユモドキは砂泥質の浅瀬を好み、ユスリカの幼虫（釣り餌にするアカムシ）などを捕食するという。

ユスリカと聞くと、私には苦い思いが湧く。

児島湾奥を締め切り淡水湖化する約一五六〇ｍの海中堤防建設工事は昭和二六年着工、同三一年二月に潮止め工事が完了した。私が中学三年のことで、地元甲浦《こうら》小学校卒業生たちは完工を祝う提灯行列に参加したらしいが、私をはじめ小串小卒の者たちは誰一人参加しなかったはず。この工事によってわが村で縄文時代から続いてきた浅海定置網漁業（樫木《かしぎ》網という）は完全に廃業に追い込まれたからであった。

それから一五年を経ずに減反政策が始まり、干拓地での新規稲作は制限されて畑作に転換を余儀なくされた。干拓地では戦前、工芸農作物であるイグサ栽培が盛んだったが、戦時中、軍部は食用にならないイグサに代えて食糧を増産せよ、と厳命した。湾奥の興除《こうじょ》村の農協には、私の父の幼なじみのT氏が県立農学校を卒業して勤めていた。そのT氏の依頼で、父は水田藷《いも》作農法を伝授し、毎年三月に早藷用の藷苗を提供した。七月に収穫できる早藷栽培なら、その月のうちに田植えすれば、一一月に稲を刈り取りできる。

戦後は不人気の甘藷《かんしょ》に代わり、タマネギ作を指導し、その苗を村の機帆船で送り届けた。高校二年の一二月、寒風の中で、私はそのタマネギ苗の収穫に動員された。わが家で栽培するためなら何の文句もないが、農政（実質は農業土木行政）の失敗のツケなのに、なぜわが家が、私が支払わなければならないのか、疑問であった。

その後、ほとんど無用と化した児島湖ではユスリカが大発生し、周辺の集落には毎年、大群が押し寄せる事態になっているという。その対策としてはアユモドキの自然の力に頼るのが最善だろう。ついでに、闇雲の開発政策の反省をしてもらわなくてはならない。

古い旭川の東側分流は、祇園地内から南東に現在の百間川の北東数百m付近を流れ、中区米田で百間川の流路に至り南流し、沖新田開発以前は干潟を縫って児島湾に注いでいた。

その西側では、現在の百間川の流路から国富地区を貫流し、私が通った新制高校(旧制・第六高等学校の跡地)のグランド下を暗渠《あんきょ》で潜り、操山丘陵の西側山裾を縫って地蔵川が流れる。

私は高校三年六月から卒業まで、その地蔵川のほとりの進学寮で過ごしたが、地蔵川は延々と町中を流れてきたわりに清冽《せいれつ》で、あるいはアユモドキも生息していたかもしれない。

地蔵川の下流に当たる中区網浜の地名は「網を干す浜」のことではなく、河口付近で網目状に分流・合流する状況を呼んだ地名であろう。

水害を軽視した宇喜多氏の城下町造営は、失敗だった

このように原始河川時代の岡山市の旭川の流路を推定すると、第Ⅶ章で述べた広島市の太田《おおた》川が河口で六つの分流に分かれるのとは真逆の状況であることが判明する。

広島市の太田川三角州は高潮ほかの水害と無縁であったわけではないが、集中豪雨による市街地の水害に限ればその優劣は明確である。

岡山城下町の造営に関しては、江戸開府当初の武蔵国の荒川瀬替え工事になぞらえてもよい。徳川家康は、現・埼玉県東部に広がる低湿地や沼地を開田するため、秩父から流れ下る荒川《あらかわ》を現・熊谷市西郊で南流させて和田吉野川に繋ぎ、当時の入間《いるま》川筋に流した。

この結果、下流の隅田川の流量が増えて浅草ほか江戸の下町がしばしば洪水に見舞われるようになった。その後始末は、昭和五年（一九三〇）の荒川放水路の完工まで待たなければならなかった（現在は、この放水路が荒川の本流）。

河川の自然な流路を改変し一本の川筋に集約すれば、必然的に水害の危険は増大する。戦国期の宇喜多直家・秀家父子による岡山城と城下町造営、旭川一本化工事は、水害防止という意味では落第点だったろう。

このとき、龍ノ口山西麓から南東に一本（現在の百間川に繋ぐ）、その対岸の北区原地区から南西に一本（現在の笹ケ瀬川に繋ぐ）、分流を開削しておけば、岡山市街は水害の危険から解放されていた。今、この双方の川筋は住宅地や学校ほかの施設が建て込み、もはや新川を通すことなど、とうてい無理である。

昭和二九年（一九五四）、旭川中流の現・岡山市北区建部町と現・加賀郡吉備《きび》中央町にまたがって治水・利水・発電用の県営多目的ダムの旭川ダムが建設された。また、現・真庭《まにわ》市湯原《ゆはら》温泉には発電用の湯原ダムが建設された。

この二つのダムで洪水の危険が解消されたかというと、さにあらず。日本中のダムというダムはすべて、堆砂《たいさ》がまったく考慮されていない。おそらく一世紀を経ずして、貯水能力は半減することだろう。

困ったことに「ダムがあるから安心」と考えること自体、非常に危険である、と申し上げておく。

Ⅸ　シラス台地で繰り返される悲劇
――平成五年、鹿児島市大水害

戻り梅雨で水浸しになった鹿児島一円

平成五年（一九九三）は異常気象続きだった。この年、七月下旬から八月初めにかけて台風四、五、六号が相次いで日本列島を襲い、前線に伴う豪雨によって南九州ほか西日本各地で甚大な被害が出た。この章では、八月六日の鹿児島大水害を中心に、この夏に、鹿児島県を襲った水害禍を取り上げる。

ちなみにこの年の七月九日、鹿児島気象台はいったん「梅雨明け宣言」を出したが、その後も雨が降り続き、八月末には、「今年は梅雨明けが特定できなかった」と修正した。

鹿児島県の豪雨被害はまず八月一日、鹿児島湾奥の始良《あいら》郡隼人《はやと》町（現・霧島市）で被害が発生、ついで八月六日、鹿児島市で、一〇日には垂水《たるみず》市、九月三日には日置《ひおき》郡金峰町（現・南さつま市）や川辺《かわべ》郡川辺町（現・南九州市）で豪雨災害が発生した。

この夏の県下の被害は死者・行方不明者が一一九名、負傷者三三五名に達している。この大水害は、ひとえに鹿児島県下一円を覆うシラス台地という火山性土壌の特異な地質に起因している。

九州南端の二つの巨大カルデラ

日本列島は、いうまでもなく火山列島である。プレートテクトニクス理論によれば、日本列島とその周辺では、太平洋プレート・北米プレート・ユーラシアプレート・フィリッピン海プレートという四枚の主要なプレートが接し、うち太平洋プレートとフィリッピン海プレートが他の二枚のプレートの下に潜り込んで、絶えずひずみを引き起こし、二〇一一年の東日本大震災に代表されるプレート型巨大地震を引き起こすのだ、とされている。

私は地震学には素人《しろうと》だが、あえてこのプレートテクトニクス理論に付け加えさせていただければ、地球上のプレートはもっと細かく断裂して細分化されている、と考えるのが妥当だと思う。

その細分化されたミニプレートの境目こそが活断層といわれるもので、その断裂した境目にマグマが噴出したのが火山であり、その連なりが火山列（私が義務教育のころは「火山帯」と教わった）ということになる。

北海道には摩周・屈斜路・支笏・洞爺、本州では八甲田・十和田・榛名・箱根などの火山がその代表で、九州には直径二〇㎞を超す阿蘇カルデラのほか鹿児島湾奥の始良カルデラや薩摩半島南端の阿多《あた》カルデラが知られている。

鹿児島県はシラス台地からなる

鹿児島湾北部の始良カルデラは、現在も活発な噴火活動を続ける桜島を南端、霧島火山群を北端とすれば直径五〇㎞に達する巨大カルデラになる。

阿多カルデラは、池田湖《いけだこ》・鰻池《うなぎいけ》から指宿温泉一帯とされているが、私はもう少し広く見るべきではないか、と思う。先年、突如噴火した口永良部島《くちのえらぶじま》を中央火口丘と見て、古いマグマ溜《だま》りが冷えて固まって隆起した深成岩（花崗岩）からなる屋久島を南限とし、薩摩半島南端の開聞岳《かいもんだけ》、そして先の鰻池・池田湖までを含めれば、直径一二〇㎞にも達する世界屈指の巨大カルデラということになる。

鹿児島県は、この二つの巨大カルデラと、その噴出物であるシラス台地がほとんどを占める火山性地形・土壌からなる。

シラス台地のほとんどは、約二万年前に始良火山が噴出した軽石質の粒子状堆積物で、おおむね白っぽい色をしている。その上に霧島・桜島・開聞岳などの比較的新しい火山噴出物が重なっている。

シラスとはその色から出た語で、「白い砂」の意味である。このシラス土壌の分布は鹿児島県下を中心に、宮崎県・熊本県の南半に及んでいる。

シラスは凝結《ぎようけつ》しないボロボロの土壌で、水を含むと液状化し、強度が極端に低下する。だから、シラス台地を流れる河川は谷が複雑に刻まれて分岐した、いわゆる樹枝状浸食谷になっていることが多い。

竜ヶ水で展開された決死の救出劇

鹿児島市街の北部にある磯《いそ》庭園は薩摩藩第一九代藩主・光久《みつひさ》が造営した別邸で、国の名勝指定の名園である。その北側には吉野台地が広がり、その北東の鹿児島湾沿いに延々一四㎞にわたって崖海岸が続く。

吉野台地は約二万年前、姶良カルデラの火砕流によって形成された火山性台地だが、その最高所は標高約三五〇m、東側の真正面に桜島を望む急崖は二〇〇〜三〇〇

ｍの比高差で鹿児島湾に落ちる。

この急崖線は『新編　日本の活断層』（東大出版会、一九九一年）によれば、そのまま「三船断層」と一致し、さらに吉野台地の直下には「花倉西方」・「磯西方」など数本の活断層が並行して走っている。

この急崖はかつての姶良カルデラの内壁の一部で、崖と海の間に挟まれた狭い回廊状の海岸をＪＲ日豊本線と国道一〇号が並行して通じていた。

その途中にある日豊本線竜ヶ水駅（鹿児島駅から六・九㎞地点）周辺で、八月六日夜、何カ所もの土砂崩れが発生、日豊本線の上下二本の列車と国道を走行中の多数の車両が立ち往生を余儀なくされ、約二五〇〇名もが孤立した。

私は当時、ＴＶ画面から刻々と流れる実況中継画面に、文字通り釘付けになった記憶がある。

駅員と吉野町派出所駐在の警官二名、そして漁民や鹿児島湾を航行するフェリー乗組員らが海に押し出された人々を救出する実況は、まことに感動的だった。その様子は八年後の平成一三年（二〇〇一）九月一八日のＮＨＫ「プロジェクトＸ」でも実況

シラス台地に走る断層線

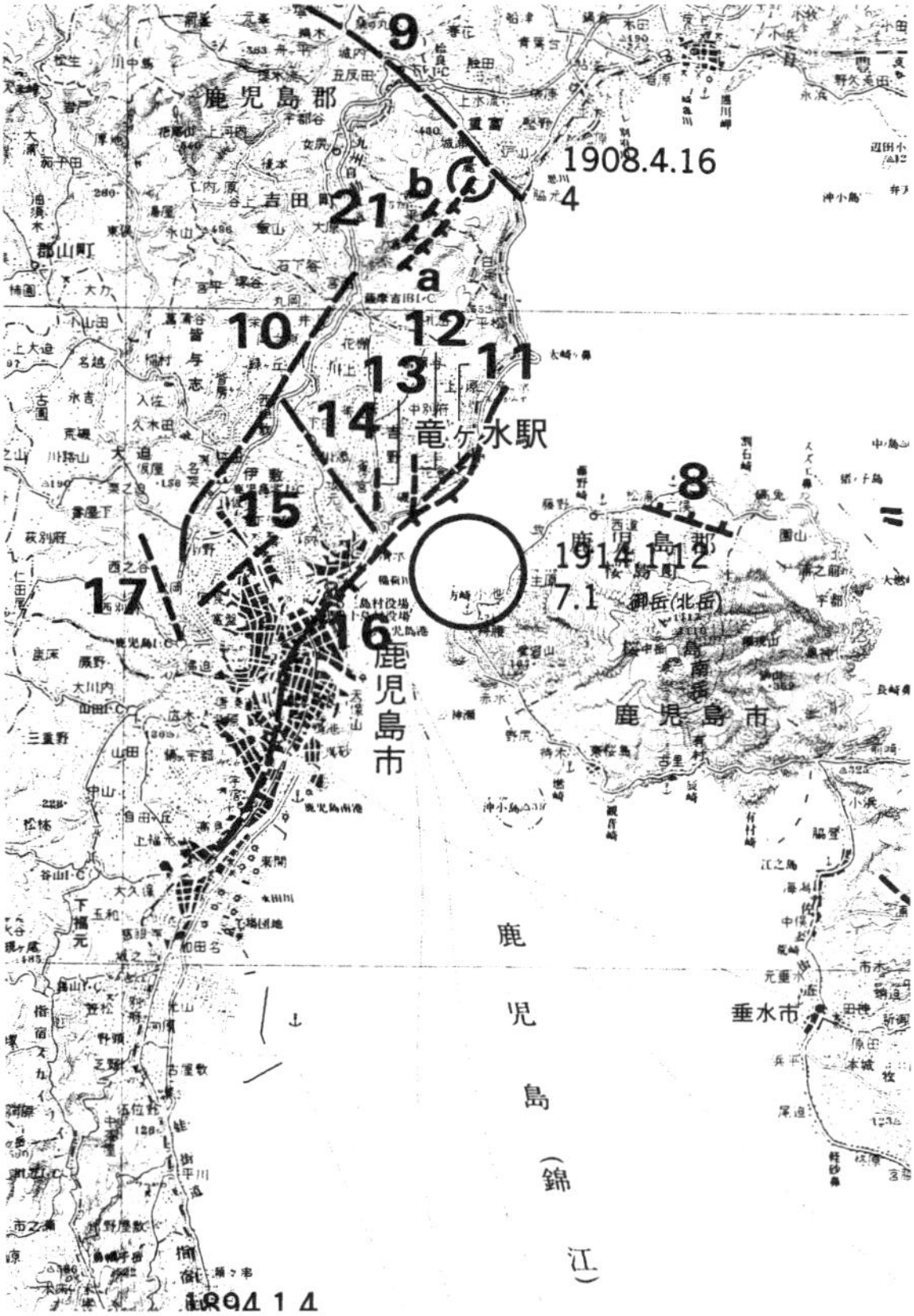

『新編日本の活断層』（東大出版会、1991 年）

断層No. 11 は三船断層

断層No. 16 は鹿児島湾西縁断層

をまじえて放映され、民放各局もドキュメンタリー番組を制作した。

私はそれらの番組を見ながら、「竜ヶ水」とは崖の上から流れ落ちる土石流を、水神である竜が口から水を吐き出していると見た、一種の〝見立て地名〟だと確信した。吉野村の小字には「竜ヶ水」の名はないが、日豊本線竜ヶ水駅は大正四年（一九一五）八月の開業だから、地元で従来から使われてきた通称を駅名に採用したものだろう。あるいは、明治の地租改正時に廃止・統合された旧字《あざ》だったか。

実況や再現ドラマは、危機に直面した人間が、どのように奮闘努力するか、できるのかという点で、重いテーマである。だが、あれから二十数年が経つのに、鉄道や道路事情は、いっこうに改善されていないのではないか。

むろん、土石流防護柵や砂防ダムなどはそれなりに新設されているのだろうが、はたしてそれで〝安心〟は確保されたのだろうか。

前述したように、この吉野台地の急崖は、二万年前の始良カルデラの内壁である。しかも、前述したように、ここには活断層が何本も走っている。そして古代から、この地点では何度も何度も土石流が繰り返し発生したはずである。そのような全国屈指の危険個所に、幹線鉄道や国道を通してよいはずがない。

鹿児島市という地方中心都市のすぐ脇に、このようないつ何が起きるかわからぬような危険個所を放置してよいのか。日豊本線鹿児島—重富《しげとみ》駅間約一四km、そして国道一〇号も、吉野台地の下をトンネルで通すべきではないか。費用対効果をいうのなら、人命ほど高いものはない、と申し上げておく。

地名「鹿児島」が示す市街地の脆《もろ》さ

このとき、全国民が竜ヶ水地区の実況中継に目を奪われていたが、実際は鹿児島市街地もとんでもない惨状に陥っていた。市街のほとんど全域が、深さ二mに達する泥水に埋まっていたのである。

鹿児島市の旧市街地は、藩政時代から甲突《こうつき》川河口の砂州の上に広がっていた。とくに、下級武士の屋敷や町人町は甲突川の河口にカゴ（籠）状に複雑に交錯する網目状の砂州を基盤に、水路を整理して埋め立てたり、海を新規に埋めたりして形成されたものである。

前述したように、鹿児島市の背後はシラス台地である。甲突川ほかの河川は雨が降るたび、シラス砂を河口まで運んでくる。そして河口に堆積するのだが、鹿児島湾の湾岸流の作用で河口には細長い砂州がいく筋も形成されたはずである。

見てきたような推測を述べているのではない。兵庫県加古川《かこがわ》が、まさに同様の地形をしていたからである。

兵庫県を流れる一級河川・加古川は、現在は河口付近では加古川市と高砂《たかさご》市の市境をなしてまっすぐに流れているが、これは近世初頭に播磨国で五二万石を領した大名・池田輝政の河川改修の結果である。

古代以来、加古川河口は加古川宿と高砂湊の間を乱流し、『播磨国風土記』などには「南毗都麻《なびつま》島」などいくつかの砂州状の島があることが記されている。『風土記』は大帯日子命《おおたらしひこのみこと》（景行天皇）が印南別嬢《いなみのわけのひめ》に求婚したところ、嬢が島に隠れたため「隠妻《なびつま》の島」と呼ばれた、と伝える。これは、貴人の事績にこと寄せて語る地名由来譚で、実は潮の干満によって波間に現われたり水没したりする砂州の存在を暗示したもの、と思われる。

つまり加古川とは、河口がいくつもの砂州によってカゴ（籠）状に囲まれた川のこと。鹿児島も同じ地形で、河口に運ばれたシラスが何重もの砂州をつくっていたのであろう。

鹿児島市街が載る平野はけっして広くはないが、日向国《ひゅうが》都城《みやこのじょう》付近の島津荘の地頭職から薩摩・大隅・日向南部の三国の太守に成長した島津家にとって、この地こそ領国経営の拠点とすべき地だったのだろう。

なお、古代の鹿児島郡の郡名起源を桜島に求める説は、農耕に適さず住民がほとんどいない火山島に一郡が成立するわけがなく、虚説だと指摘しておく。

鹿児島市の役割は終わった？

鹿児島市街を貫流する甲突川は、全長約二〇kmの中小河川にすぎないが、珍しい河川名ではある。

コウとは「河野」・「河本」などをコウノ・コウモトと読むように、川のこと。漢字の「江」を呉音でコウと読むが、中国南部の長江（揚子江）沿岸の稲作と沿岸漁業を生業とする民が二千数百年前、日本列島に渡ってきたとき携《たずさ》えてきた語が和語化したものと見る。

余談になるが、日本の地名あれこれを、アイヌ語で解こうとしたり、やれ朝鮮古語であるとかの説がかまびすしい。私は近年の漢語を日本の地名に多用する風潮には賛同しないが、古代の和語の成立過程で漢語がどのように和語化したか、もっと深く検証してみる価値はある、と考える。

甲突川のツキは、東京の築地と同じく、「高くなった所」という意味。だから、コウツキとは「川がつくった高所・陸地」という意味である。

同様の地名は、私の郷里・岡山にもある。毎年冬二月、「裸祭り」で有名な西大寺観音院は私の生地から児島湾と沖新田を隔《へだ》てて約五㎞の地点にあるが、ここは中世、一条家領の「金岡荘《かのおか》」と呼ばれた。

「岡」の字を使っているとはいえ、吉井川の河口にある地だから「岡」などはない。「カ（河）のオカ（陸地）」という意味で、河口に形成された陸地のことにほかならない。

鹿児島市の甲突川は、上流からシラスを運んで河口に何重もの砂州を作った。だが、その砂州はシラスが堆積したものだから、水にはまことに弱い。対岸の活火山・桜島の存在も含めて、県の中心都市としての鹿児島市の役割は、そろそろ考え直すべきときかもしれない。

垂水市で発生した土砂災害

竜ヶ水の被災の四日後、八月一〇日には台風七号が鹿児島地方を襲った。この台風は奄美大島沖から長崎県北部に達したが、進路方向の右側に当たる鹿児島県大隅半島では、総雨量二五〇～三〇〇㎜の大雨となった。大隅半島の西岸に当たる垂水《たるみず》市では、このとき土石流が発生している。

私は大学で学部進学した昭和三八年（一九六三）五月、専攻教室の実地研修兼新入生歓迎会で九州南部旅行に参加した。開通したばかりの日南線で宮崎市から志布志を経由、鹿児島県鹿屋市に入り、バスで桜島に向かった。地理学専攻の学生だから当然、ルート沿いの地形図は携行していた。

垂水市付近を通過するとき、右手の高隈《たかくま》山地続きの台地から落下する滝があるか、と注意して眺めていたが、滝どころか川らしい川も見えなかった。

タルミ（垂水・樽見）という語は、中学校の国語の時間で「滝のこと」と習っていた。『万葉集』巻八―一四一八の志貴《しき》皇子（天智天皇の長子、光仁天皇の実父）の歌、

石《いわ》そそぐ　垂水《たるみ》の上のさわらびの　萌え出づる春に　なりにけるかも

を教わり、「垂水」とは滝のことと知った。また、静岡県河津《かわづ》町の「河津七滝《ななだる》」の名は、川端康成『伊豆の踊子』で知ったのだったか。

だから「垂水」とは滝のことと承知していたが、この鹿児島県垂水市の場合はタルミズと読む。ここの場合は「滝」のことではないのか、と漠然と疑問を持った。

その疑問は、この年の土石流災害の発生で一挙に解けた。タルミもタルミズも同じく「垂れる水」という表現だが、滝も「垂れる水」なら土石流や出水も「垂れる水」である。あるいは、恒常的にゆったりと垂れ落ちる滝をタルミ、災害で急激に垂れ落

ちる水をタルミズと区別して呼んだのかもしれない。

ただし、タルミという地名の場合、「弛む」という動詞の連用形で、「山などの稜線の凹んだ所」を示すものもあるかもしれない。

第Ⅳ章で神戸市および阪神間の水害・土石流について取り上げたが、神戸市垂水区のタルミの場合、そのどちらか、にわかに判定できない。

切りとり線

★読者のみなさまにお願い

この本をお読みになって、どんな感想をお持ちでしょうか。祥伝社のホームページから書評をお送りいただけたら、ありがたく存じます。今後の企画の参考にさせていただきます。また、次ページの原稿用紙を切り取り、左記まで郵送していただいても結構です。

お寄せいただいた書評は、ご了解のうえ新聞・雑誌などを通じて紹介させていただくこともあります。採用の場合は、特製図書カードを差しあげます。

なお、ご記入いただいたお名前、ご住所、ご連絡先等は、書評紹介の事前了解、謝礼のお届け以外の目的で利用することはありません。また、それらの情報を6カ月を越えて保管することもありません。

〒101-8701（お手紙は郵便番号だけで届きます）
祥伝社新書編集部
電話03（3265）2310

祥伝社ホームページ　http://www.shodensha.co.jp/bookreview/

★本書の購買動機（新聞名か雑誌名、あるいは○をつけてください）

＿＿＿＿新聞の広告を見て	＿＿＿＿誌の広告を見て	＿＿＿＿新聞の書評を見て	＿＿＿＿誌の書評を見て	書店で見かけて	知人のすすめで

★100字書評……地名でわかる水害大国・日本

名前

住所

年齢

職業

楠原佑介　くすはら・ゆうすけ

1941年、岡山県生まれ。京都大学文学部史学科（地理学）卒業。出版社勤務を経て、地名についての著述活動に入る。「地名情報資料室・地名110番」を主宰し、正しい地名の復興に尽力。『こんな市名はもういらない』『この駅名に問題あり』『こうして新地名は誕生した！』『この地名が危ない』などの著書があり、共編著に『地名用語語源辞典』『市町村名変遷辞典』『消えた市町村名辞典』がある。祥伝社新書に『江戸・東京　間違いだらけの地名の由来』では、地名の由来を一刀両断。

地名《ちめい》でわかる水害大国《すいがいたいこく》・日本《にほん》

楠原佑介《くすはらゆうすけ》

2016年７月10日　初版第１刷発行

発行者……………辻 浩明
発行所……………祥伝社しょうでんしゃ
〒101-8701　東京都千代田区神田神保町3-3
電話　03(3265)2081(販売部)
電話　03(3265)2310(編集部)
電話　03(3265)3622(業務部)
ホームページ　http://www.shodensha.co.jp/

装丁者……………盛川和洋
印刷所……………萩原印刷
製本所……………ナショナル製本

Printed in Japan　ISBN978-4-396-11471-8　C0222

〈祥伝社新書〉
いかにして「学ぶ」か

360
なぜ受験勉強は人生に役立つのか
教育学者と中学受験のプロによる白熱の対論。頭のいい子の育て方ほか

明治大学教授 齋藤 孝
家庭教師 西村則《のり》康《やす》

339
笑うに笑えない大学の惨状
名前を書けば合格、小学校の算数を教える……それでも子どもを行かせますか？

大学通信常務取締役 安田賢治

312
一生モノの英語勉強法 「理系的」学習システムのすすめ
京大人気教授とカリスマ予備校教師が教える、必ず英語ができるようになる方法

京都大学教授 鎌田浩毅
研伸館講師 吉田明宏

331
7カ国語をモノにした人の勉強法
言葉のしくみがわかれば、語学は上達する。語学学習のヒントが満載

慶應義塾大学講師 橋本陽介

420
知性とは何か
日本を蝕む「反知性主義」に負けない強靭な知性を身につけるには

作家 佐藤 優